Gottfried Wagner

WO GEHT'S HIER ZUM PARADIES?

33 magische Orte im Pazifik

MANA-VERLAG

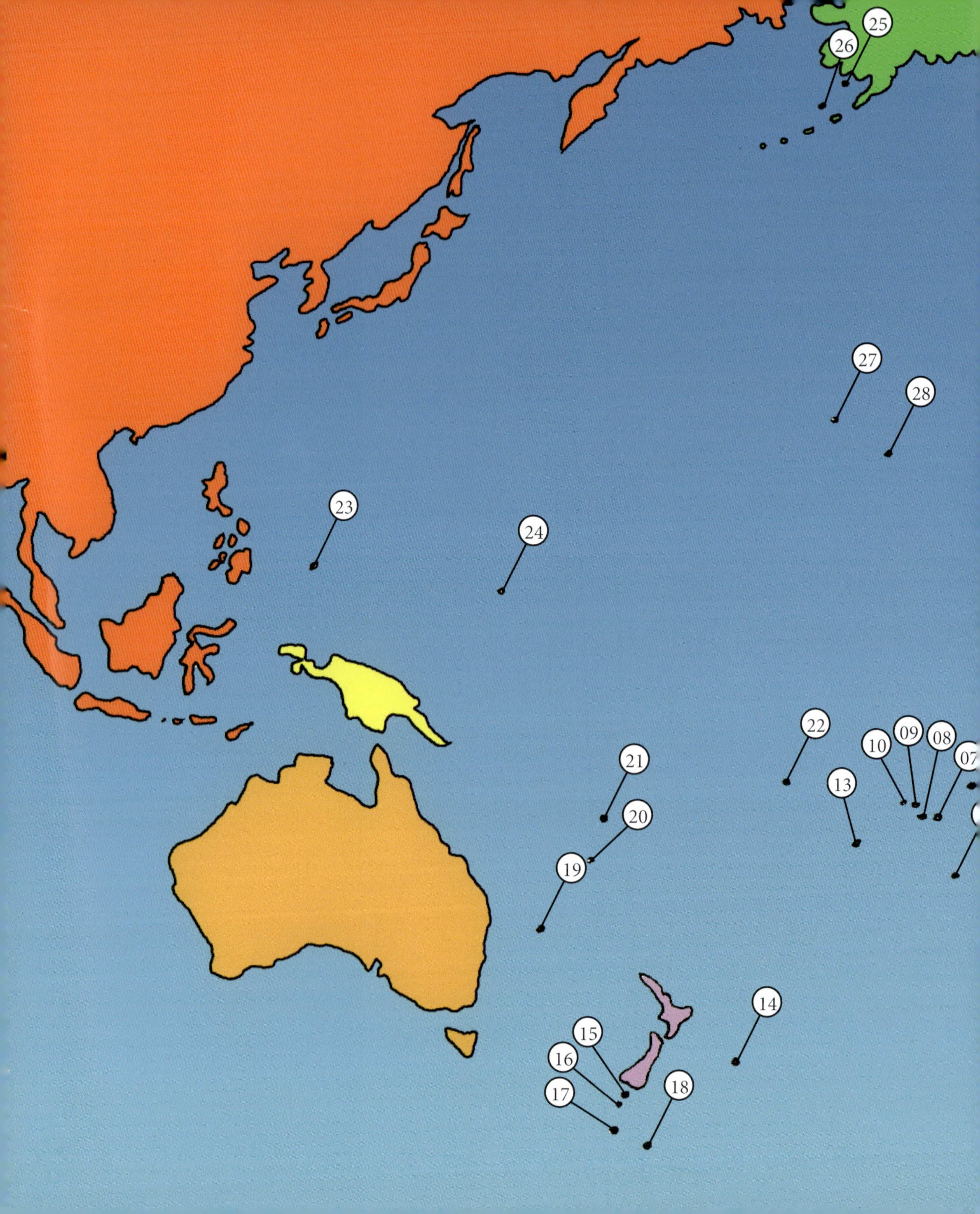
25
26
27
28
23
24
22
10
09
08
13
21
20
19
14
15
16
17
18

01 Queen Charlotte Islands
02 San Miguel Island
03 Galapagosinseln
04 Osterinsel
05 Robinson Crusoe
06 Ushuaia
07 Tahiti
08 Moorea
09 Bora Bora
10 Maupiti
11 Takapoto
12 Raivavae
13 Aitutaki
14 Chatham Islands
15 Stewart Island
16 The Snares
17 Enderby Island
18 Campbell Island
19 Lord Howe Island
20 Ile des Pins
21 Tanna
22 Tutuila
23 Palau
24 Nan Madol
25 Round Island
26 Pribilof Islands
27 Kauai
28 Hawaii
29 Nuku Hiva
30 Ua Huka
31 Ua Pou
32 Hiva Oa
33 Fatu Hiva
01
02
03
04
05
06
30
31
32
33
11

VORWORT

Am 25. September 1513 sah der Konquistador Vasco Nunez de Balboa als erster Europäer von einem Hügel Dariens im heutigen Panama aus einen riesigen, unbekannten Ozean, den er »Mar del Sur« – »Südsee« – nannte. Er konnte nicht ahnen, dass sich seine Südsee ebenso weit nach Norden wie nach Süden erstreckte, von der Beringstraße bis zur Antarktis. Im Laufe der Jahrhunderte hat sich die Bezeichnung »Pazifischer Ozean« = »Friedlicher Ozean« für dieses riesige Meer durchgesetzt, eine weitere Fehleinschätzung, die wir dem ersten Weltumsegler Ferdinand Magellan zu verdanken haben. Als dieser am 28.11. 1520 nach schwieriger und langwieriger Durchfahrt durch die nach ihm benannte »Magellanstraße« endlich offenes Meer erreichte, taufte er dieses euphorisch »Mar Pacifico«. Doch schon bei Magellans 110-tägiger Überfahrt machte der Pazifik seinem Namen keine Ehre. Tückische Meeresströmungen, Passatwinde, Hunger, Durst, Skorbut und der allgegenwärtige Tod ließen den Pazifik für die Seefahrer zum Meer des Schreckens werden.

Der Pazifik ist mit seinen zahlreichen Nebenmeeren der größte Wasserkörper der Erde. Er bedeckt ein Drittel unseres Globus und hat somit maßgeblichen Anteil am Erscheinungsbild der Erde als »Blauer Planet«. Die Wasserfläche dieses Weltmeeres hat eine Ausdehnung von zirka 170 Millionen Quadratkilometern, eine Dimension, die sich nur noch mit Vergleichen veranschaulichen lässt. Der Pazifik ist so groß, dass alle Landmassen der Erde darin versenkt werden könnten. Und das ist wörtlich zu nehmen, denn der 10000 Meter tiefe Marianengraben im Nordpazifik würde selbst den Mount Everest in den Fluten versinken lassen. Der Pazifik ist hundert Mal so groß wie Alaska, der mit Abstand größte Bundesstaat der USA. Ginge man am Äquator entlang von Asien bis Südamerika über den Pazifik, so wäre das eine Strecke von 16 000 km. Zum Vergleich: Die längste durchgehende Eisenbahnstrecke der Welt, die

Transsibirische Eisenbahn, ist »nur« zirka 9000 km lang, die Entfernung vom Nordkap bis nach Kapstadt auch nur bescheidene 11 000 km.

Der Pazifik ist aber auch der Ozean der zahllosen Inseln. Ihre Zahl wird auf bis zu 30 000 geschätzt. Die gesamte Landmasse der pazifischen Inseln ist aber im Verhältnis zur riesigen Wasserfläche von geradezu lächerlicher Bedeutungslosigkeit. Die oft nur wenige Quadratkilometer großen Eilande verlieren sich in der Weite dieses Ozeans wie die sprichwörtliche Nadel im Heuhaufen. Interessanterweise befinden sich fast all diese Inseln innerhalb der Wendekreise beiderseits des Äquators, also in der tropischen Zone. Sie werden gemeinhin als »Südseeinseln« bezeichnet, obwohl es den geografischen Begriff »Südsee« eigentlich nicht gibt. Dass es auch Südseeinseln im Nordpazifik gibt und subantarktische Inseln im Südpazifik, klingt wie ein geografisches Paradoxon. Heute heißt die korrekte Bezeichnung für die tropische Inselwelt des Pazifiks »Ozeanien«. Um die verwirrende Fülle von tropischen Inseln im Pazifik übersichtlicher zu machen, teilte sie der französische Forschungsreisende Dumont d'Urville nach ethnografischen Kriterien in drei Großregionen ein: Mikronesien (= kleine Inseln), Melanesien (= schwarze Inseln) und Polynesien (= viele Inseln). Diese Einteilung aus dem 19. Jahrhundert hat bis heute Gültigkeit. Mikronesien ist – vereinfacht gesagt – die Inselwelt zwischen den Philippinen und Hawaii im Nordpazifik, seine Bewohner ähneln denen der Philippinen. Melanesien ist die Inselwelt zwischen Neuguinea und Fidschi im Südpazifik, seine Bewohner sind kraushaarig und sehr dunkelhäutig – daher »schwarze Inseln«. Polynesiens Inselwelt breitet sich über den gesamten zentralen Pazifik aus und bildet dort das sogenannte »Polynesische Dreieck«. Die Eckpunkte dieses Dreiecks mit einer Seitenlänge von unglaublichen 8000 km bilden die Hawaii-Inseln im Nordpazifik, Neuseeland im Westen und die entlegene Osterinsel im Osten des Südpazifiks. Die Polynesier unterscheiden sich in ihrem Aussehen und ihrer Sprache von ihren mikronesischen und melanesischen

Nachbarn. Über ihre Herkunft sind viele Spekulationen angestellt worden. Der norwegische Ethnologe Thor Heyerdahl vermutete ihre Urheimat in Amerika, andere Wissenschafter sprechen von asiatischer Abstammung. Eines der vielen ungelösten Rätsel im Pazifik.

Fest steht, dass die Polynesier Jahrhunderte vor den Europäern den schier unendlichen pazifischen Raum mit ihren Auslegerbooten erkundeten und besiedelten, eine navigatorische Meisterleistung, die schon den Südseefahrer James Cook in Erstaunen versetzte. Für die Europäer war der Pazifik die letzte und am weitesten entfernte Region unseres Planeten, die ihren unstillbaren Entdeckungs- und Eroberungsdrang weckte. Wegen der gigantischen Dimensionen des pazifischen Raumes dauerte seine »Entdeckungsgeschichte« durch die Europäer – beginnend mit Balboa und Magellan – aber ganze 350 Jahre, vom Beginn des 16. bis in die Mitte des 19. Jahrhunderts. Zunächst war es die Suche nach einem fiktiven Goldland, das die Fantasie der »Entdecker« beflügelte, dann jagte man dem Phantom eines die Erde in Balance haltenden »Südkontinents« nach, im 19. Jahrhundert waren es schließlich Walfänger, Sklavenhändler und Missionare, die die Bevölkerung dezimierten und ihre Kultur zerstörten. Im 20. Jahrhundert war der Pazifik eines der blutigen Schlachtfelder des Zweiten Weltkrieges und schließlich auch noch Freiluftlabor für Atombombenversuche der Amerikaner und Franzosen – Bikini und Moruroa heißen die Stichworte. Das Ende des 20. Jahrhunderts brachte für viele pazifische Inselstaaten den Weg in die Unabhängigkeit. Einige von ihnen gehören zu den flächenmäßig kleinsten Staaten der Erde, wie etwa Nauru, Tuvalu oder die Marshall-inseln. Nur der Vatikanstaat und Monaco sind noch kleiner. Sie kämpfen nicht nur mit wirtschaftlichen Problemen, sondern sind auch noch die ersten Verlierer der globalen Erwärmung: Schon eine Anhebung des Meeresspiegels um wenige Zentimeter wird für die flachen Atolle zur tödlichen Bedrohung. Dazu kommen – bedingt durch den Klimawandel – immer häufiger auftretende Zyklone und Tsunamis, die die Aufbauarbeit von Jahren mit einem Schlag zerstören können. Noch immer ist der pazifische Ozean alles andere als friedlich zu seinen Bewohnern. Als sei das noch nicht genug an Widrigkeiten, wird der Pazifik auch noch vom »Ring of Fire«, einem zirkumpazifischen Vulkangürtel, förmlich in den Zangengriff genommen.

All diesen Bedrohlichkeiten zum Trotz aber hat der Mythos vom Paradies auf der anderen Seite der Erdkugel bis heute überlebt. Nicht zu Unrecht, denn in der Weite dieses Weltmeeres, abseits aller touristischen Trampelpfade, verbergen sich tatsächlich einige der außergewöhnlichsten Orte unseres Planeten – außergewöhnlich wegen ihrer geografischen Lage, ihrer Geschichte, ihrer Bewohner, ihrer rätselhaften Kultur, ihres Tierreichtums und ihrer überwältigenden Schönheit. Über einen Zeitraum von zehn Jahren habe ich immer wieder diese ebenso vielfältige wie faszinierende Region unserer Erde bereist. 33 dieser einzigartigen Orte, von den Walrossinseln der Beringsee über die Trauminseln der Südsee bis zu den Tierparadiesen der Subantarktis, möchte ich in diesem Buch vorstellen. 33 – eine magische Zahl für magische Orte. Die Auswahl ist natürlich subjektiv und die Reihung sollte keinesfalls als Ranking verstanden werden. 33 weitere magische Orte wären schnell gefunden – oder auch 333.
Der Pazifische Ozean wird auch »Stiller Ozean« genannt.
Mein Fernweh hat er gestillt.

Gottfried Wagner

Der Utopist sieht das Paradies, der Realist das Paradies plus Schlange.

- Friedrich Hebbel -

QUEEN CHARLOTTE ISLANDS

British Columbia, Kanada

INSELN IM NEBEL

Wie Nadelpölsterchen ragen die zahllosen kleinen Inseln aus dem Nordpazifik

Im Nordwesten Kanadas, südlich von Alaska und nördlich von Vancouver Island, liegen verborgen die Queen Charlotte Islands, die zum Schönsten gehören, was dieses an Naturschönheiten so reich beschenkte Land zu bieten hat. »Misty Isles«, also »Inseln im Nebel«, werden sie von den Festlandkanadiern ein wenig mitleidig genannt. Doch für die ansässigen Haida-Indianer sind ihre Inseln »Haida Gwaii«, »Land der Menschen«, und »Gwaii Haanas«, »Ort der Wunder«, wie sie stolz ihren 1987 gegründeten Nationalpark nennen.

Seit Jahrtausenden siedeln die Haida auf diesem Archipel, der aus einer Unzahl von baumbestandenen Inseln und Inselchen besteht, die wie Nadelpölsterchen aus dem

Buckelwale genießen den Sommer in den Gewässern um die Queen Charlotte Islands

Pazifik ragen. Und es sind ja auch Nadelbäume, Hemlocktannen und Sitka-Fichten, die diesen Inseln ihre unverkennbare Silhouette verleihen. Die Feuchtigkeit des ständigen Nebels und ein durch den Japan-Strom relativ mildes Klima lässt in diesen hohen Breiten einen gemäßigten Regenwald mit bärtigen Baumriesen wuchern. Haida Gwaii ernährte seine Bewohner gut und so konnte über die Jahrtausende eine einzigartige Kultur entstehen, deren augenfälligste Leistung die aus der »Roten Zeder«, einem Riesenlebensbaum, geschnitzten Totempfähle sind. Die letzten noch vergleichsweise gut erhaltenen Zeugen für die eindrucksvolle Schnitzkunst der Haida befinden sich in Ninstints auf Anthony Island, ganz im Süden des Archipels,

Totempfähle der Haida-Indianer

heute Weltkulturerbe und ein Ehrfurcht gebietender magischer Ort. Die Menschen haben nach den verheerenden Pockenepidemien des 19. Jahrhunderts die meisten dieser historischen Stätten verlassen und leben heute im Norden des Archipels, auf der Hauptinsel Graham Island. Doch einige Haida sind zurückgekehrt und haben eine neue Aufgabe gefunden: Sie bewachen als so genannte »Watchmen« das Kulturerbe ihrer Ahnen und erzählen den Besuchern von der Kultur ihrer Vorfahren. Erst sehr spät tauchten die Europäer vor Haida Gwaii auf. Der erste war der Spanier Juan Perez im Jahre 1774, dann kam 1778 James Cook, und schließlich 1787 der britische Kapitän George Dixon. Er war es, der den Inseln den Namen »Queen Char-

Im Regenwald des Nordens

lotte Islands« gab. Queen Charlotte war die Frau von König Georg III. von England und zugleich der Name von Dixons Schiff.

Wegen ihrer Abgeschiedenheit sind die Queen Charlottes mit ihren schneebedeckten Bergen, Fjorden und unberührten Stränden ein eigener Mikrokosmos an biologischer Vielfalt. Hier lebt der größte Schwarzbär Amerikas, der »Ursus americanus carlottae«, eine endemische Subspezies. Im Reich der Lüfte regiert der Seeadler und im Ozean ist der Orca oder Killerwal der Herrscher, doch als Schöpfer der Welt gilt für die Haida der Rabe. Diese vier Tiere waren und sind bis heute das Hauptmotiv auf den Totempfählen, Bildern und Schmuckobjekten der Haida.

02

SAN MIGUEL ISLAND

Channel Islands, Kalifornien, USA

KALIFORNIENS GALAPAGOS

Nördliche See-Elefanten dösen am Strand

Gerade dort, wo man es am wenigsten vermuten würde, hat auch Kalifornien sein Galapagos: Nicht einmal 200 km, im Land der unbegrenzten Räume also nur einen Steinwurf von der pulsierenden Megacity Los Angeles entfernt, liegt die nur 38 qkm kleine Insel San Miguel Island. San Miguel Island ist die nordwestlichste von acht Pazifikinseln in der Inselkette der »Channel Islands« an der Küste Südkaliforniens und trotz ihrer einzigartigen Natur die am wenigsten besuchte. Wegen ihrer exponierten Lage ist sie klimatisch nicht besonders besucherfreundlich, mit viel Nebel, Wind und stürmischer See das ganze Jahr über. Die wenigen wackeren Naturfreunde, die sich trotz alledem nicht von einem Besuch abhalten lassen, müssen alles Überle-

Sonnenblumenbäume

bensnotwendige einschließlich Zelt und Unmengen von Wasser mit sich bringen. Dafür werden sie aber von der Natur der Insel reich entschädigt. Auf der wilden und windgebeutelten Insel wachsen die Wildblumen wegen der ständigen Feuchtigkeit durch den Nebel besonders zahlreich. Eine Besonderheit der Inselflora sind die bis zu drei Meter hohen bizarren Sonnenblumenbäume.

Doch die eigentliche Attraktion von San Miguel Island sind die riesigen Robbenkolonien. Point Bennet heißt jener nur durch einen Tagesmarsch erreichbare Ort am Westende der Insel, wo zehntausende Robben von bis zu sechs verschiedenen Arten sich versammeln. Diese größte Ansammlung verschiedener Robbenarten

Versteinerter Wald

auf der nördlichen Hemisphäre kann man meilenweit hören und riechen – ein unvergleichliches Erlebnis. Auch die einst bis an den Rand der Ausrottung verfolgten nördlichen See-Elefanten sind wieder zahlreich heimisch geworden und liegen mit ihren massigen, tonnenschweren Körpern wieder dicht gedrängt an den weißen Sandstränden.

Nicht ganz so spektakulär ist der kleine »Inselgraufuchs«, das größte Landsäugetier der Insel, den das knappe Nahrungsangebot schrumpfen hat lassen.

Der erste Europäer auf San Miguel Island war Juan Rodriguez Cabrillo, ein – wie Magellan – portugiesischer Seefahrer unter spanischer Flagge. Er gilt auch als »Ent-

Die größte Ansammlung von Robben auf der nördlichen Hemisphäre: Point Bennett

decker« Kaliforniens. Cabrillo war beeindruckt von der Freundlichkeit und Freigiebigkeit der ansässigen Chumash-Indianer, denen die Überwindung der schwierigen Passage von Kalifornien zu seinen vorgelagerten Inseln offensichtlich geglückt war. Ein Denkmal erinnert an diesen Seefahrer, der 1543 auf San Miguel Island starb. Die folgenden Jahrhunderte waren für Menschen, Tiere und Pflanzenwelt der Insel fatal. Die letzten Chumash mussten auf das Festland fliehen, Robbenschläger wüteten rücksichtslos auf der Insel und die Vegetation litt stark an Überweidung durch Schafe. In den 60er-Jahren des 20. Jahrhunderts übernahm die US-Navy die Insel und eliminierte alle Haustiere. Seit 1980 ist San Miguel Island Nationalpark.

03

GALAPAGOSINSELN

Ecuador

VERSUCHSLABOR DER EVOLUTION

Die Riesenschildkröten gaben den Inseln ihren Namen

Sie gelten als Synonym für Artenreichtum und Endemismus schlechthin und sind zum Traumziel für Tierliebhaber aus aller Welt geworden. Entdeckt wurden die Galapagosinseln bereits 1535 von den Spaniern. Diese waren – mit dem Bischof von Panama an Bord – unterwegs nach Peru und kamen von ihrem Kurs ab. »Islas Encantadas«, »Verzauberte Inseln«, wurden sie genannt und seither ging ihr Ruf als Tierparadies am Äquator um die ganze Welt. Gänzlich unsterblich gemacht hat sie schließlich der Naturforscher Charles Darwin, der auf seiner legendär gewordenen Weltreise mit dem Schiff »Beagle« im Jahre 1835 auf den Galapagos Halt machte und dort wesentliche Impulse für seine Evolutionstheorie erhielt.
Der Name »Galapagos« leitet sich vom spanischen Begriff für Schildkröte ab.

Rote Klippenkrabbe

Diese Bezeichnung wurde vom niederländischen Kartografen Abraham Ortelius bereits 1570 verwendet. Seither haben die Galapagos einige weitere Namen erhalten: 1872 wurden sie für Ecuador in Besitz genommen und »Archipielago del Ecuador« getauft, 1892 zum 400. Jahrestag der Entdeckung Amerikas durch Kolumbus in »Archipielago de Colon« umbenannt.

Die Galapagosinseln liegen fast 1000 km vom südamerikanischen Festland entfernt und waren nie mit diesem verbunden, was die Entwicklung der vielen endemischen Arten begünstigte. Sie sind aus dem Meer ragende Gipfel unterseeischer Vulkane. Die zirka 8000 qkm große Inselgruppe besteht aus 13 größeren und einer Vielzahl kleinerer Inseln, die sich um den Äquator drängen. Die größte Insel des Archipels,

Meeresechse

Isla Isabela, wird vom Äquator durchschnitten und liegt daher wirklich am Äquator. Die bei ihrer Entdeckung durch die Spanier unbewohnte Inselgruppe zählt heute an die 20 000 Einwohner, die meisten von ihnen leben auf der Insel Santa Cruz. Naturschützer sehen die Bevölkerungsentwicklung verbunden mit dem boomenden Tourismus mit zunehmender Sorge.

Trotz seiner Lage am Äquator ist das Meer um den Archipel wegen des Humboldtstromes relativ kühl. Daher können hier auch Tierarten gedeihen, die man eher in der Antarktis als unter der Äquatorsonne vermuten würde: Hier tummeln sich Seelöwen, Seebären, Pinguine, Albatrosse und die berühmten Meerechsen, die einzige Echsenart, die zum Grasen auf den Meeresboden geht. Die berühmtesten Bewohner

Blaufußtölpel

sind aber zweifelsohne die Riesenschildkröten, die den Inseln ihren Namen gaben. Leider betrachteten Seeleute aller Jahrhunderte diese friedvollen Geschöpfe nur als lebenden Fleischvorrat und als willkommene Abwechslung am Speiseplan. Doch heute steht die einzigartige Tierwelt dieser Inseln unter dem Schutz des Nationalparks und Weltnaturerbes Galapagos.

Vor Charles Darwin besuchte noch ein anderer weltberühmter Mann die Galapagosinseln: 1708 kam Alexander Selkirk, der als Robinson Crusoe in die Literaturgeschichte einging, hier her, kurz nach seiner Rettung von seinem Exil auf den Juan-Fernandez-Inseln – als Pirat.

04 OSTERINSEL

(Isla de Pascua, Rapa Nui), Chile

INSEL DER STEINRIESEN

Kratersee des Rano Kao

Am Ostersonntag des Jahres 1722 sichtete der holländische Kapitän Jakob Roggeveen als wahrscheinlich erster Europäer jene einsame Insel, die mit ihren kolossalen Steinfiguren bis zum heutigen Tag nichts von ihrem Mysterium verloren hat und noch immer die Wissenschaft und die Fantasie der Menschen beschäftigt. »Paasch-Eyland«, also »Osterinsel«, nannte er dieses mit nur etwa 170 qkm winzige und in den Weiten des Südostpazifiks isolierte Fleckchen Erde, auf dem sich eine rätselhafte und einmalige Kultur entwickeln konnte. »Moais« nennt man die rund 1000 tonnenschweren und bis zu 15 m hohen Steinriesen. Sie sind überall auf der kleinen Insel zu finden, auch an ihrer Entstehungsstätte, dem Vulkankrater Rano Raraku, wo manche dieser Figuren als schlafende Riesen noch immer auf ihre Fertigstellung zu warten scheinen. Selbst die einfachen Steinwerkzeuge, mit denen

Moai

diese Riesenskulpturen aus dem Berg gehauen wurden, wurden von ihren genialen Schöpfern zurück gelassen. Der Rano Raraku ist gleichsam ein riesiges Freiluftatelier für Moais, halbfertige und fertige, die dort – wie bestellt und nicht abgeholt – stumm und geduldig über die Jahrhunderte ausharrten. Rätselhaft bleibt aber der kilometerweite Transport der Figuren über die Insel. Legenden zufolge sollen die Moais aufrecht zu ihren »Ahus«, den steinernen Plattformen, gegangen sein. Rätselhaft bleibt aber auch, wie die bis zu vier Tonnen schwere hutartige Kopfbedeckung, die von manchen Experten auch als Haarknoten gedeutet wird, auf den Kopf des Moai gehievt werden konnte.
Die Osterinsel liegt auf 27 Grad Süd, also bereits außerhalb der Tropen, 3700 km von der Küste Südamerikas entfernt. Einige südamerikanische Einflüsse sind auf

Der Strand von Anakena ist der einzige Sandstrand der Osterinsel

der Osterinsel unübersehbar: die Süßkartoffel, der Flaschenkürbis, die Schilfpflanzen in den Kraterseen und Steinmauern wie die der Inkas in Peru. Der norwegische Forscher Thor Heyerdahl hat viel Aufsehen erregt mit seiner These der Besiedlung Polynesiens von Amerika her. Die Bewohner der Osterinsel, die Rapanui, sind aber Polynesier, d. h. ihre Vorfahren stammen – genetischen und linguistischen Forschungen zufolge – aus Südostasien. Die Osterinsel gilt als der östliche Eckpunkt des so genannten »polynesischen Dreiecks«, mit Hawaii im Norden und Neuseeland im Westen, beide rund 8000 km von ihr entfernt.

Während Roggeveen noch Zeuge der Verehrung der gigantischen Statuen durch die Bewohner wurde, sah James Cook nur 50 Jahre später schon untrügliche Zei-

Die sieben Moais von Akivi

chen des Niedergangs dieser einzigartigen Kultur: Überall auf der Insel waren die Moais umgestoßen worden. Doch die Blütezeit der Osterinselkultur, die als einzige Kultur des Pazifiks über eine Schrift verfügte, war schon vor der Ankunft der Europäer vorbei. Übervölkerung und Naturzerstörung durch Abholzung hatten zu einer Öko-Katastrophe, Krieg und Kannibalismus geführt. Der Kontakt dieses in völliger Isolation lebenden Volkes mit den Europäern beschleunigte seinen Niedergang noch zusätzlich. Eingeschleppte Krankheiten und Sklavenhändler bewirkten einen dramatischen Bevölkerungsrückgang bis auf nur mehr 111 Bewohner im Jahr 1877. Heute leben wieder an die 3000 Menschen auf der zu Chile gehörenden Insel, die trotz Flughafens ihr Image als »einsamste Insel der Welt« halten konnte.

03 ROBINSON CRUSOE

Juan-Fernandez-Inseln, Chile

SELKIRKS INSEL

Arides Klima im Westen der Insel

Rund 700 km vor der Küste Chiles, auf 33 Grad südlicher Breite auf der Höhe der Stadt Valparaiso, ragt ein gebirgiger Archipel vulkanischen Ursprungs aus der unendlichen Wasserwüste des Südpazifiks: die Juan-Fernandez-Inseln. 1574 entdeckte der spanische Seefahrer Juan Fernandez diese aus drei Inseln bestehende Inselgruppe, die noch heute seinen Namen trägt, auf der Fahrt vom peruanischen Hafen Callao nach Valparaiso. Er nannte die drei Inseln »Mas a Tierra« (= näher beim Festland), »Mas Afuera« (= weiter weg) und »Santa Clara«. Im Jahre 1705 wurde auf einer dieser Inseln, Mas a Tierra, der schottische Seemann Alexander Selkirk nach einer Auseinandersetzung mit seinem Kapitän auf eigenen Wunsch abgesetzt. Es

San Juan Bautista – die einzige Ansiedelung auf Robinson Crusoe

wäre wohl ein unbedeutendes Ereignis in der christlichen Seefahrt geblieben, hätte sich nicht der englische Autor Daniel Defoe von dieser Geschichte zu seinem weltberühmten Roman »Robinson Crusoe« inspirieren lassen. Bis zum heutigen Tag gehört Defoes Geschichte vom Überlebenskampf eines gottgläubigen Seemanns auf einer zivilisationsfernen Insel zu den Klassikern der Weltliteratur und zu einem der meistgelesenen Bücher überhaupt. Dass Selkirk seine freiwillige Verbannung überlebt hat, verdankt er unter anderem den Ziegen, die der Entdecker Juan Fernandez als lebende Nahrungsreserve auf der Insel zurück ließ. Selkirk wurde nach vier Jahren und vier Monaten von einem englischen Schiff gerettet, während sein damaliges

Robinsons Höhle

Schiff – Ironie des Schicksals – mit der gesamten Mannschaft auf der Weiterfahrt unterging. Die Nachfahren der Ziegen Selkirks leben noch heute auf der Insel. Sie haben über die Jahrhunderte eine kleine braune Unterart ausgebildet, sind aber nicht die einzige zoologische Besonderheit auf diesem weltfernen Eiland: eine Kolonie der einst verfolgten und schwer dezimierten Juan-Fernandez-Seebären bewohnt heute wieder unbekümmert die Buchten der Insel.

1966 wurden die Inseln Mas a Tierra und Mas Afuera in »Isla Robinson Crusoe« und »Isla Alejandro Selkirk« umbenannt. Auf den steilen Hängen dieser vulkanischen Inseln konnte sich in jahrtausendelanger Isolation eine einzigartige Flo-

Riesenrhabarber dienten Selkirk als Sonnen- und Regenschirme

ra entwickeln. Über 60 Prozent dieser Pflanzen sind Endemiten, d. h. sie kommen ausschließlich hier vor. Es ist also nicht übertrieben, die Juan-Fernandez-Inseln als »Galapagos der Flora« zu bezeichnen. Heute steht der gesamte Archipel als Biosphärenreservat unter dem Schutz der UNESCO.

Im einzigen Ort der Insel, San Juan Bautista, geht das Leben sehr gemächlich seinen Gang. Die Menschen leben hauptsächlich von der Langustenfischerei und – in sehr bescheidenem Ausmaß – vom Tourismus. Es gibt keine Hektik, kein Nachtleben und keine Banken. Trotz ihres berühmten Namens ist die Isla Robinson Crusoe noch immer das, was sie seit jeher war: ein winziges Nichts im Großen Ozean.

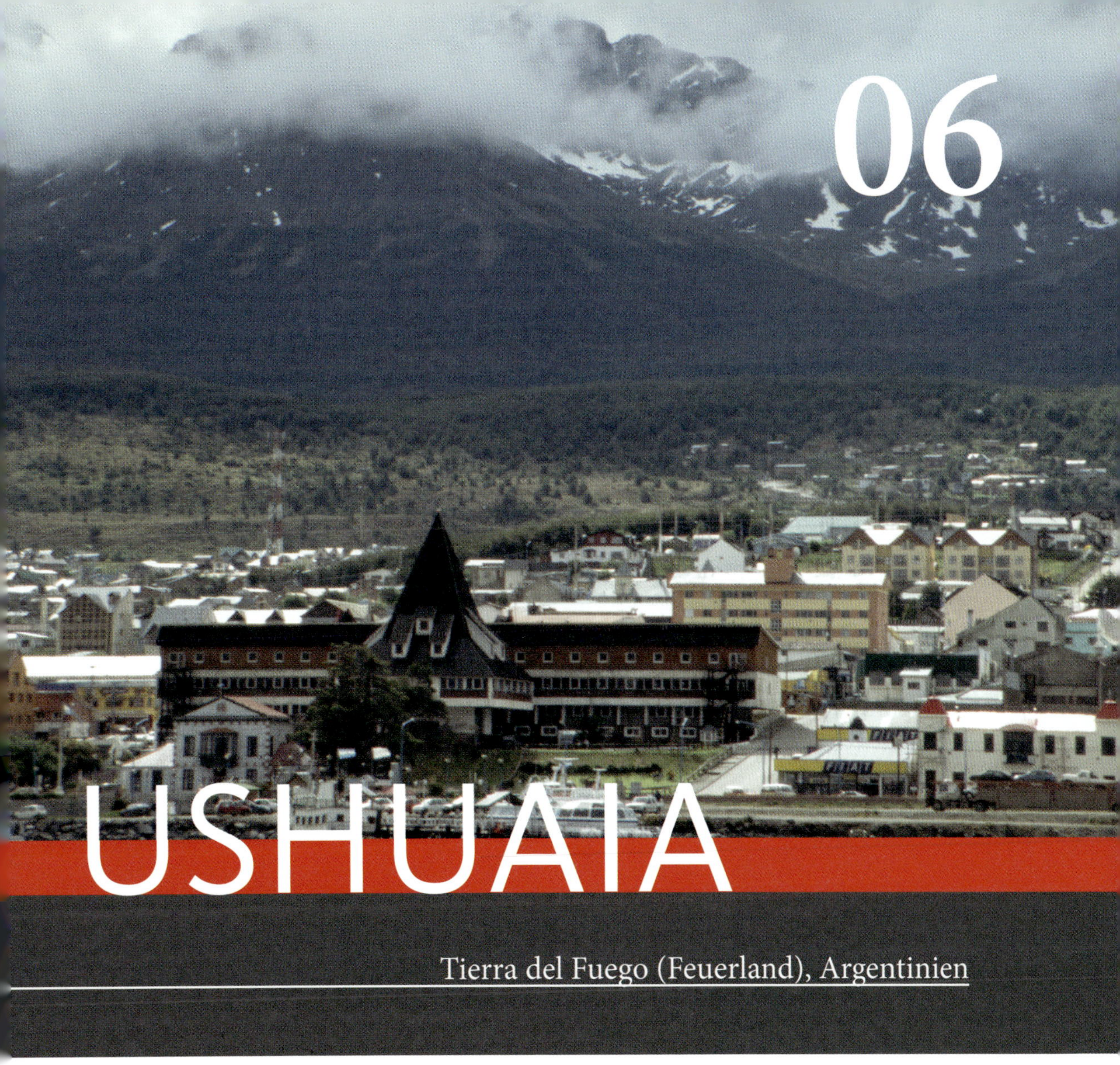

06

USHUAIA

Tierra del Fuego (Feuerland), Argentinien

SÜDLICHSTE STADT DER WELT

Ushuaia kokettiert mit dem Image vom »Ende der Welt«

Es gibt zwar einige wenige Orte, die noch südlicher liegen, doch die südlichste Stadt der Welt ist die argentinische Stadt Ushuaia mit zirka 50 000 Einwohnern. Sie liegt am Beagle-Kanal, jener natürlichen Wasserstraße zwischen Atlantik und Pazifik, die nach dem britischen Expeditionsschiff »HMS Beagle«, welches den Naturforscher und späteren Verfechter der Evolutionstheorie Charles Darwin an Bord hatte, benannt ist. Es mag verwundern, dass eine argentinische Stadt überhaupt am Pazifik liegen kann. Als Grenze zwischen Pazifik und Atlantik, die an der Spitze Südamerikas in der so genannten Drake Passage aufeinander stoßen, gilt der 68. Längengrad West. Ushuaia liegt auf 54° 48’ Süd und 68° 18’ West, daher liegt es – knapp aber doch – am Pazifik.

Die Diego-Ramirez-Inseln liegen 100 km südwestlich von Kap Horn

Ushuaia hat sich in den letzten Jahren ganz gut entwickelt, denn es gilt als »Tor zur Antarktis« und ist Ausgangshafen für Expeditionen und Zwischenstopp für Kreuzfahrtsschiffe. Dabei ist das Image vom »Fin del Mundo«, vom »Ende der Welt« also, sehr hilfreich. Geografisch gesehen stimmt das mit dem Ende der Welt nicht ganz: Noch weiter südlich liegen das als »Seemannsgrab« berüchtigte Kap Hoorn und die »Diego-Ramirez-Inseln«. Diese winzigen Vogelinseln liegen weitere 100 km südwestlich von Kap Hoorn und sind daher die südlichste Landmasse Südamerikas. Sie wurden 1619, also drei Jahre nach Kap Hoorn, entdeckt und galten lange Zeit als das südlichste bekannte Land auf unserem Globus.

Aus Rauchland (Tierra de Humos) wurde Feuerland (Tierra del Fuego)

Der Name »Feuerland« verleitet zu Assoziationen von Hitze oder besser noch wohliger Wärme. Doch auf dieser wilden, nur etwa 1000 km von der Antarktis entfernten Insel, auf der die südamerikanischen Anden zum letzten Mal ihre vergletscherten Gipfel emporragen lassen, will auch der Sommer nie so recht warm werden. Feuerland ist subantarktisch. Umso erstaunlicher ist es, dass die indianische Urbevölkerung der rauen Umwelt trotzte und bis zur Ankunft der Europäer im frühen 16. Jahrhundert erfolgreich diesen extremen Lebensraum besiedelte. Magellan, der erste Weltumsegler, sah bei seiner 20-tägigen Passage durch die nach ihm benannte Meeresstraße ständig den Rauch ihrer Lagerfeuer. Er nannte daher dieses Land

Wildes, gebirgiges Feuerland

»Tierra de Humos«, also »Rauchland«. Doch der spanische König bestand angeblich mit dem Hinweis »Wo Rauch ist, muss auch Feuer sein« auf die Umbenennung in »Terra del Fuego«, »Feuerland«.

Ebenfalls auf Magellan geht die für den kalten Süden Südamerikas gebräuchliche Bezeichnung »Patagonien«, »Land der Großfüßer«, zurück, eine Bezeichnung, die im Europa des 16. Jahrhunderts wilde Fantasien von einem Land der Riesen am Ende der Welt hervorrief. Dabei hatte Magellan nur falsche Rückschlüsse von den großen Fußabdrücken der Bewohner, die ihre Füße zum Schutz gegen die Kälte mit Fellen umwickelten, gezogen.

06

TAHITI

Gesellschaftsinseln, Französisch-Polynesien

MYTHOS SÜDSEE

Der Maler Paul Gauguin hat den Mythos Tahiti neu belebt

Keine andere der Tausenden von Inseln innerhalb der beiden Wendekreise verkörpert so sehr den Mythos Südsee wie Tahiti. Das hat eher historische Gründe, denn an Schönheit ist ihr manch andere der 118 Inseln Französisch-Polynesiens mindestens ebenbürtig. Es waren die Reiseberichte der ersten europäischen Besucher, die Ende des 18. Jahrhunderts den Mythos von einem Paradies auf Erden, einem »Neu-Kythera«, wie der französische Seefahrer Bougainville es nannte, in ihren Heimatländern verbreiteten und damit den Zeitgeist Europas ins Mark trafen. Jean-Jacques Rousseaus schwärmerische Vorstellung vom »edlen Wilden« schien auf der anderen Seite der Erde Wirklichkeit zu sein. Im 19. Jahrhundert waren es dann weltflüchtige

Mädchen mit Tiare-Blüte, dem Symbol Tahitis

Künstler wie Gauguin, Melville und Stevenson, die den Mythos Südsee am Leben hielten. Schön ist die gebirgige, mit dichtem Regenwald bewachsene, fruchtbare Insel Tahiti noch immer, doch manche Klischeevorstellungen einer Südseeinsel kann sie nicht erfüllen: Es gibt keine weißen Sandstrände sondern schwarze Basaltstrände, keine »Motus« genannten Inselchen, die die Lagune begrenzen, dafür Großstadthektik in der Hauptstadt Papeete. Schon der Maler Gauguin, der eigentlich der Zivilisation den Rücken kehren wollte, wurde bei seiner Ankunft in Papeete durch den Beginn der Elektrifizierung der Stadt um eine Illusion beraubt.
Mit über 1000 qkm Landfläche ist Tahiti eine vergleichsweise große Insel, haben

Zu Ehren des französischen Seefahrers Bougainville sind ein Park in Papeete...

doch nur 6 der 118 Inseln Französisch-Polynesiens mehr als 100 qkm. Außerdem lebt hier mehr als die Hälfte der Bevölkerung dieser Region.

Tahiti liegt im Zentrum des so genannten »polynesischen Dreiecks«, dessen Eckpunkte Neuseeland, Hawaii und die Osterinsel sind. Es liegt in etwa auf halbem Weg zwischen Australien und Südamerika, also mitten im Südpazifik in der größtmöglichen Entfernung zu den Kontinenten. Kein Wunder also, dass europäische Seefahrer diese Insel erst sehr spät »entdeckten«. Der Engländer Wallis war im Jahre 1767 der erste, gefolgt von Bougainville 1768 und Cook 1769, also immerhin 246 Jahre nachdem Magellan die erste Südseeinsel – Puka Puka im ebenfalls zu Französisch-

... und die rot blühende Bougainvillea benannt

Polynesien gehörenden Tuamotu-Archipel – gesichtet hatte. Wallis gab der Insel den patriotischen, aber ganz und gar unromantischen Namen »König-Georg-III-Insel«. Zum Glück gab ihr Cook ihren ursprünglichen Namen »Otaheite« zurück, der dann zum heutigen »Tahiti« wurde.

Heute ist Tahiti das wirtschaftliche und politische Zentrum Polynesiens und das Drehkreuz für den internationalen Flugverkehr im Südpazifik. Es ist zwar mondän und europäisch geworden, doch im zauberhaften Inselinneren mit seinen bis zu 2200 m hohen Vulkanbergen, seinen Wasserfällen und der Blütenpracht seiner Vegetation lebt der Mythos Südsee für immer weiter.

08

MOOREA

Gesellschaftsinseln, Französisch-Polynesien

INSEL DES HAIFISCHZAHNS

Cook's Bay – ein perfekter Naturhafen

Moorea liegt nur 17 km von Tahiti entfernt. Mit einer Größe von 136 qkm ist sie zwar nur die kleine Schwester von Tahiti, aber nach Tahiti und Raiatea die drittgrößte der 13 »Gesellschaftsinseln«. Der Ursprung des Namens dieser Inselgruppe ist heute nicht mehr eindeutig klärbar. Manche glauben, die Londoner »Royal Society«, eine Vereinigung von Wissenschaftlern, sei bei der Namensgebung Pate gestanden, andere wiederum leiten den Namen »Gesellschaftsinseln« von der Nähe der Inseln zueinander her. Moorea gilt als eine der landschaftlich schönsten Inseln in der ganzen Südsee. Die markanten Zacken ihrer dschungelbedeckten Vulkanberge, oft dramatisch von Wolken umhüllt, verleihen der Schwesterinsel Tahitis ge-

Moorea bei Sonnenuntergang – von Tahiti aus gesehen

heimnisvolle Wildheit und eine herbe Schönheit. Dominiert wird das einzigartige Panorama vom Berg »Mouaroa«, dem »Haifischzahn«, dessen Name zugleich die beste Beschreibung ist. Sein unverkennbares Profil macht ihn weltbekannt wie den Zuckerhut oder das Matterhorn. Sogar der nüchterne James Cook, der mit Südseeromantik wenig am Hut hatte, soll von der außergewöhnlichen Schönheit der Insel geblendet gewesen sein. Er ankerte 1769 in der Opunohu-Bucht. Später wurde aber eigenartigerweise die Nachbarbucht nach ihm benannt. Beide Buchten, die sich tief und fjordartig ins Inselinnere hinein schneiden, zählen wohl zu den schönsten Naturhäfen der Welt. Vom Aussichtspunkt »Belvedere« hat der Besucher einen einzig-

Vulkane und Dschungel – eine exotische Mischung

artigen Blick auf diese beiden Naturschönheiten. Eine glasklare Lagune umgibt die gesamte Insel und schützt sie vor der gewaltigen Brandung des Pazifiks.

So viel Schönheit zieht nicht nur Besucher sondern auch Filmemacher an. Moorea diente mit seiner geradezu archetypischen Südseelandschaft nur allzu oft als Kulisse für Südseefilme. Auch eine der vielen Verfilmungen der »Meuterei auf der Bounty« wurde nicht am Originalschauplatz Tahiti, sondern eben hier auf Moorea gedreht. Aber auch der Tourismus weiß die Schönheit und Einmaligkeit dieser Insel zu verkaufen: Immerhin ein Drittel aller Gästebetten Französisch-Polynesiens befindet sich auf Moorea. Für Erholung suchende und finanzkräftige Stadtmenschen aus

Tahitis schöne kleine Schwester

dem lauten und hektischen Papeete ist das nahe Moorea der ideale Zweitwohnsitz. Die Umrisse dieser Trauminsel lassen viel Raum für fantasievolle Interpretationen: Man kann sie als Herz oder auch als Schmetterling sehen. Besonders Fantasievolle sehen darin den Abdruck eines Eidechsenfußes, denn »Moorea« bedeutet so viel wie »gelbe Eidechse«. Jedenfalls zieren die herzförmigen Miniaturabbildungen Mooreas die Kilometersteine der 60 km langen Straße um die Insel. Außer vom Tourismus leben die Bewohner auch noch vom Fischfang und von der Landwirtschaft. Die zahlreichen Ananasplantagen sind ein optisch reizvoller Gegensatz zur undurchdringlichen Vegetationsdecke der Insel.

09

BORA BORA

Gesellschaftsinseln, Französisch-Polynesien

PERLE DES PAZIFIKS

Im Schatten des Otemanu

»Perle des Pazifiks«, »Schönste Insel der Welt«, »Paradies auf Erden« – kein Superlativ wurde ausgelassen, um die atemberaubende Schönheit dieser nur 38 qkm großen Insel in Worte zu fassen. Ein Superlativ muss ehrlicherweise noch hinzugefügt werden: Bora Bora gehört heute auch zu den teuersten Reisezielen der Welt. Es ist zu einem weltbekannten Markennamen wie Coca Cola geworden, auch wenn viele nicht genau wissen, wo es ist. Was macht nun diese Insel so einzigartig?

Bora Bora besitzt alle Attribute, die zu einer Bilderbuch-Südseeinsel gehören: Mitten aus einer Traumlagune aus Blau und Türkis erhebt sich schroff eine wilde, dschungelüberwucherte Vulkan-Urlandschaft. Ihr markantester und höchster Gipfel ist der »Otemanu«, Bora Boras Zauberberg und Antwort auf Mooreas Hai-

Mondänes Urlaubsparadies

fischzahn. Kleine »Motus« genannte Inselchen säumen das Außenriff und scheinen es in liebevoller Umklammerung zusammen zu halten. Kurzum, Bora Bora ist die optimale Kombination aus hoher Vulkaninsel und Atoll, die selbst Klischeevorstellungen vom Paradies auf Erden noch zu übertreffen vermag. Bora Bora ist der Stoff, aus dem die Südseeträume sind.

Während der Mythos Tahiti im späten 18.Jahrhundert seinen Ursprung hat, entstand der Mythos Bora Bora erst im 20. Jahrhundert, genauer gesagt im Zweiten Weltkrieg. Nach dem Angriff der Japaner auf Pearl Harbor wurde ausgerechnet dieses paradiesische Eiland 1941 von der US-Airforce als Basis zur Rückeroberung der Salomonen gewählt. Aus dieser Zeit stammt auch der Flugplatz auf dem Motu

Bora Boras Zauberberg Otemanu

Mute im Norden Bora Boras, der bis zur Eröffnung des Internationalen Flughafens Faa'a auf Tahiti im Jahre 1961 der Internationale Flughafen Französisch-Polynesiens war. Einer der dort stationierten Soldaten war ein gewisser James Michener, der für sein Buch »Die Südsee«, einer Sammlung von Kurzgeschichten, 1948 den Pulitzerpreis bekam. Viele seiner Werke wurden mit Weltstars verfilmt. Das Broadway-Musical »South Pacific« basiert ebenfalls auf Micheners literarischer Vorlage. Die neu entfachte »Sehnsucht Südsee« brachte nach dem Krieg die Amerikaner als Touristen zurück nach Bora Bora. Die notwendige Infrastruktur für den Tourismus war ja schon seit dem Krieg vorhanden: eine Landebahn

Die Lagune von Bora Bora

für Flugzeuge und Elektrizität. Die Bewohner Bora Boras erkannten ihre Chance und setzten fortan auf Tourismus statt auf Kopragewinnung und Vanilleanbau. Bora Bora liegt zirka 260 km nordwestlich von Tahiti und gehört zu den so genannten »Inseln unter dem Winde«, einer Untergruppe der Gesellschaftsinseln. Ursprüngliches polynesisches Leben wird man heutzutage auf dieser mondänen Insel nicht mehr finden, aber mit seiner einzigartigen Lagune, in der sich Mantarochen und Haifische tummeln, seinen weißen Stränden aus Korallensand und seinen wilden Vulkanbergen ist Bora Bora noch immer ein wahres Naturwunder und wird es auch bleiben, bis der Otemanu dereinst im Meer versinkt.

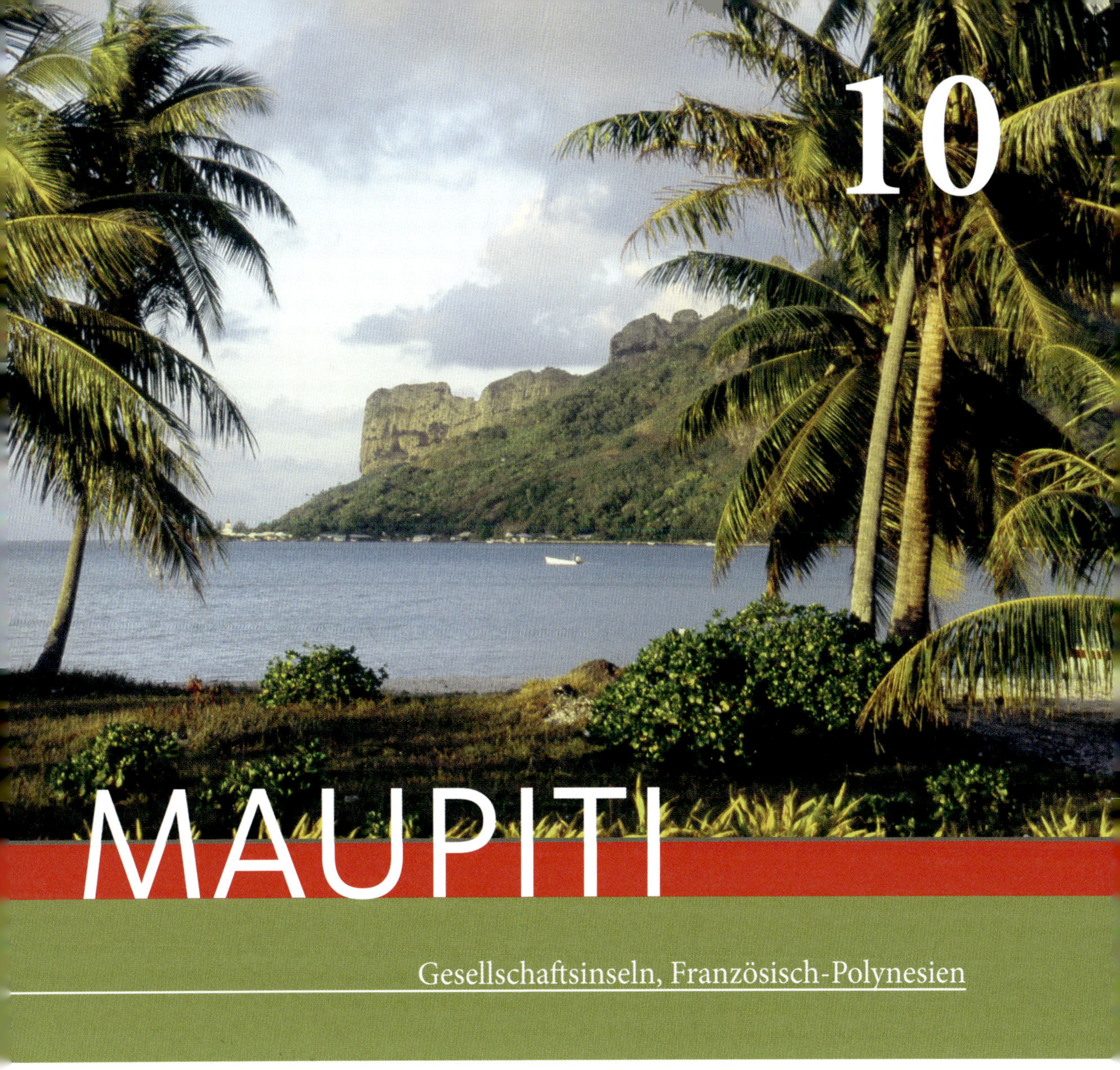

10

MAUPITI

Gesellschaftsinseln, Französisch-Polynesien

BORA BORA IM KLEINFORMAT

Kein Grund zur Eile

Wer ist die Schönste in ganz Polynesien? Bei diesem Wettstreit hat auch die westlichste der Gesellschaftsinseln, Maupiti, gute Karten. Die nur rund 40 km von Bora Bora entfernte Insel hat alles, was den Ruhm ihrer berühmten Nachbarin ausmacht, plus der unbezahlbaren Eigenschaft, vom Tourismus weitgehend verschont geblieben zu sein und ihre Ursprünglichkeit bewahrt zu haben. Sie gilt nicht nur als eine der schönsten, sondern auch als eine der authentischsten Inseln ganz Polynesiens. Maupiti ist noch immer das, was Bora Bora vielleicht vor dem Zweiten Weltkrieg noch war: eine vergessene Südseeinsel, auf der die nervöse Betriebsamkeit der modernen Welt unbekannt ist. Nur 11 qkm groß ist dieses idyllische Fleckchen Erde,

Steile Felswände, glasklare Lagune, malerischer Ort

dessen Bewohner bescheiden von Melonenanbau und Kopragewinnung leben. Heute gibt es zwar einen Flugplatz auf dem Motu Tuanai, jedoch keine Hotels. Die wenigen Touristen, die sich hierher verirren, finden Unterkunft in Familienpensionen. Fünf Motus, die zusammen größer sind als die »Hauptinsel«, umschließen eine seichte Lagune, die den Vergleich mit Bora Bora nicht zu scheuen braucht. Für Schiffe und Boote aller Art ist die Lagune nur durch eine tückische Riffpassage, dem »Onoiau Pass«, befahrbar. Diese Passage ist bei Seglern und Kapitänen noch immer gefürchtet wegen ihrer unberechenbaren Strömungen. Es bedarf großer nautischer Erfahrung und Geschicklichkeit, den richtigen Moment und die ideale Welle ab-

Rundblick vom Gipfel des Teurufaatiu

zuwarten. An manchen Stellen trocknet die Lagune bei Ebbe aus und man kann trockenen Fußes zum benachbarten Motu hinüber gehen.

Die eindrucksvolle Silhouette der vulkanischen Kerninsel wird geprägt durch zwei Berge, dem 250 m hohen Hotu Paraoa und dem 380 m hohen Teurafaatiu, deren steil abfallende Felswände Seevögeln als Nistplatz dienen. Der schwierige, gefährliche und schlecht markierte Aufstieg zum Gipfel des Teurafaatiu wird aber reich belohnt: Am Gipfel angekommen genießt man einen einzigartigen 360°- Rundblick auf die Lagune und ihre fünf Motus und kann in der Ferne sogar die Nachbarinseln Bora Bora, Tahaa und Raiatea sehen.

Hoch hinaus

Der holländische Kapitän Roggeveen brach im Jahre 1721 in den Pazifik mit der Absicht auf, den großen Südkontinent, die »Terra Australis«, zu finden. Wie viele Seefahrer vor und nach ihm jagte er aber einem Phantom nach und fand stattdessen die Osterinsel, segelte durch das Labyrinth der Tuamotus und sichtete Maupiti und Bora Bora 1722, also fast 50 Jahre vor der Entdeckung Tahitis durch Kapitän Wallis. Doch das Paradies ist bedroht: Immer wieder fegen zerstörerische Zyklone über die Insel und richten großen Schaden an. In den letzten Jahren haben sie – wegen der Erwärmung des Pazifiks – sowohl an Häufigkeit als auch an Heftigkeit zugenommen.

11

TAKAPOTO

Tuamotu-Inseln, Französisch-Polynesien

ARCHETYP EINES SÜDSEE-ATOLLS

Willkommensgruß an die wenigen Touristen

Müsste man das Wesen eines Südsee-Atolls erklären, so wäre Takapoto ein perfektes Anschauungsbeispiel. Atolle sind das, was übrig bleibt, wenn die zentrale Vulkaninsel bereits im Meer versunken ist und einen vegetationstragenden Korallenring, der eine Lagune umschließt, zurück lässt. Im Falle Takapotos ist es ein geschlossener Ring, die Lagune hat also keinen Durchlass zum offenen Ozean. Einzig Unterwasserkanäle sorgen für einen Wasseraustausch in der Lagune. Schiffe können also nicht in die Lagune einfahren, sondern müssen weit draußen ankern und ihre Passagiere in Booten an Land bringen.

Takapoto ist eines der 78 Atolle der Tuamotu-Inseln, einem der fünf Archipele Französisch-Polynesiens. Die Tuamotus sind die weltweit größte Ansammlung von

Palmenhain

Korallenatollen. Obwohl alle 78 Atolle zusammen nur eine Landfläche von 850 qkm haben, breiten sie sich über eine Wasserfläche von zwei Millionen qkm aus, mit einer West-Ost-Erstreckung von 2000 km. Sie liegen im tropischen Südpazifik zwischen den Gesellschaftsinseln und den Marquesas.

Die Geschichte der »Entdeckung« der Tuamotus durch europäische Seefahrer erstreckt sich über einen Zeitraum von zirka 300 Jahren. Das ist ungewöhnlich für Inseln, die doch so nahe beieinander zu liegen scheinen. Die Tuamotu-Insel Puka Puka wurde von Magellan bereits 1521 gesichtet und war damit die erste Südseeinsel, die Europäer zu Gesicht bekamen. Die letzten Tuamotu-Inseln wurden erst zu Beginn des 19. Jahrhunderts »entdeckt« und kartografiert.

Südsee pur

Takapoto wurde schon sehr früh, nämlich im Jahr 1616, von den bedeutenden holländischen Seefahrern Schouten und Le Maire gesichtet, immerhin 150 Jahre vor Tahiti. Der nächste Europäer war ihr nicht weniger berühmte Landsmann und Osterinsel-Entdecker Jacob Roggeveen. Dieser verlor 1722 eines seiner Schiffe, die «Africaansche Galey«, die in der Nähe Takapotos auf ein Riff auflief.

Takapoto ist bis heute eine vom Tourismus unverdorbene Insel geblieben. Seine rund 600 Bewohner leben von der Kopragewinnung und der Perlenzucht, für die man in der Lagune optimale Bedingungen vorfindet. Die bei Kennern geschätzten schwarzen Perlen Takapotos sind zwar eine lukrative Einnahmequelle, aber leider keine sichere. Immer wieder werden die Tuamotus von schweren Zyklonen heimgesucht,

Gesiebte Tropensonne

die die Perlenzuchtfarmen zerstören. Daher hat man als zweites wirtschaftliches Standbein wieder große Kokospalmen-Plantagen angelegt. Die Südsee-Idylle Takapotos und der übrigen Tuamotu-Inseln ist aber nicht nur durch Zyklone bedroht. Atolle haben nur wenig fruchtbaren Boden und eine artenarme Vegetation. Außerdem herrscht Wasserknappheit, da es keine Süßwasserquellen gibt. Die Bewohner sind auf das Sammeln von Regenwasser angewiesen. Die schlimmste Bedrohung ist aber das Ansteigen des Meeresspiegels, das schon in wenigen Jahrzehnten das Verschwinden dieser oft nur wenige Meter über den Meeresspiegel ragenden Eilande zur Folge haben könnte.

12

RAIVAVAE

Austral-Inseln, Französisch-Polynesien

MÄRCHENINSEL IM DORNRÖSCHENSCHLAF

Insel mit Profil

Für den französischen Meeresforscher Jean Jacques Cousteau, der wohl vielen Trauminseln bei seinen unzähligen Expeditionsfahrten durch die Weltmeere begegnet ist, war Raivavae überhaupt die schönste Insel des Pazifiks. Aber Raivavae ist nicht nur schön, sondern auch noch gänzlich vom Tourismus unberührt. Es gibt keine Banken, keine Industrie, keine Tauchschulen, keine organisierten Inseltouren, keine Restaurants und keine Hotels. Nur eine Handvoll Familienpensionen – und dieser Begriff ist wortwörtlich zu nehmen – beherbergt die wenigen Besucher dieser »kühlen Inselschönheit«. Die nur 16 qkm große Insel liegt auf 23° 52' Süd, also schon außerhalb des südlichen Wendekreises und damit außerhalb der Tropen. Im Vergleich zum übrigen Französisch-Polynesien ist das Klima hier schon merklich

Auf der Suche nach der verlorenen Tradition

kühler und ein jahreszeitlicher Rhythmus bereits spürbar. In den Wintermonaten von Juni bis August können die Temperaturen unter 20° liegen – für die Südsee ganz schön frostig. Die Kokospalmen wachsen nicht mehr ganz so hoch in den Himmel und die Kiefernwälder an manchen Berghängen erinnern fast ein wenig an europäische Hügellandschaften der gemäßigten Klimazone. Aber der Anblick der motugesäumten, makellosen Lagune lässt keine Zweifel zu: Hier hat die Südsee noch einmal ein Vorzeigebeispiel eines Inselparadieses ins Blaue gesetzt.

Keine tausend Menschen leben heute auf dieser rund 700 km südöstlich von Tahiti gelegenen Insel und die Bevölkerungszahl ist weiter im Fallen begriffen. Die Böden sind zwar fruchtbar und es gedeihen Kartoffel, Karotten, Taro und sogar Kaffee,

Blicken in eine ungewisse Zukunft: die Kinder von Raivavae

doch mehr als eine bescheidene Selbstversorgungs-Existenz ist für die Bevölkerung nicht möglich. Die vielen leer stehenden Häuser rund um die Insel sind unübersehbarer Hinweis auf Abwanderung.

Raivavae gehört zur Inselgruppe der »Austral-Inseln«, die nach ihrer Hauptinsel auch »Tubuai-Inseln« genannt werden. Geologisch gesehen sind sie eigentlich eine Verlängerung der südlichen Cook-Inseln. Fünf der sieben Inseln – einschließlich Raivavae – sind vulkanischen Ursprungs. Die höchste Erhebung in Raivavaes bizarrem Inselprofil ist der 437 m hohe Mt Hiro. Der erste Europäer auf der damals noch dicht besiedelten Insel war 1775 der Spanier Thomas Gayangos. Er beschrieb

Blick vom Motu Vaiamanu auf die gebirgige Hauptinsel

die Bewohner als »Indianer« und nannte die Insel »Santa Rosa«. Wie überall in der Südsee führte die Begegnung mit den Europäern zu einem dramatischen Bevölkerungsrückgang und zu einem Auslöschen ihrer Kultur und Seefahrer-Tradition. Der letzte auf der Insel verbliebene »Tiki«, eine große Steinfigur, erinnert an Raivavaes kulturelle Blüte.

Was für Aitutaki »One Foot Island«, ist für Raivavae das Motu »Vaiamanu«, genannt »Piscine« – große Badewanne. Wer je seinen Fuß auf den weißen Sand dieses einsamen Motus gesetzt hat, der zweifelt, ob der janusgesichtige Prinz Tourismus das Dornröschen Raivavae wach küssen sollte.

13

AITUTAKI

Cook Islands

HIMMEL AUF ERDEN

Hügelland in der Südsee

Schon beim Landeanflug auf Aitutaki sieht man, dass der Cook-Islands- Werbeslogan »Visit heaven, while you are on earth« keinesfalls übertrieben ist. Aitutaki gehört zu jenen Südseeinseln, bei denen kein Werbefotograf in die Trickkiste zu greifen braucht. Hier ist der Traum Wirklichkeit. Die Insel ist ähnlich strukturiert wie Bora Bora und Maupiti, nur statt der dramatischen Vulkangipfel prägt eine sanfte, geradezu verspielte Hügellandschaft ihr Erscheinungsbild. Die höchste Erhebung ist der »Maungapu« mit bescheidenen 124 m, von dessen Gipfel aus man einen schönen Rundblick auf die Insel und ihre Traumlagune, die manche für die schönste im ganzen Pazifik halten, genießen kann. Einer Legende zufolge soll der Maungapu die Spitze des Berges Raemaru auf der Cook-Hauptinsel Rarotonga sein, den siegreiche

Aitutakis Traumlagune

Aitutaki-Krieger als Kriegsbeute mitgebracht hätten. Kriegspropaganda auf polynesisch.

Das nur 18 qkm große Aitutaki ist eine der insgesamt 15 Cook-Inseln. Sie liegt 230 km nördlich der Hauptinsel Rarotonga. Dass ausgerechnet diese Inselgruppe den Namen des großen Seefahrers trägt, ist ein wenig überraschend. Cook hat zwar 5 der 15 Inseln dieses Archipels »entdeckt«, an den beiden wichtigsten, Aitutaki und Rarotonga, segelte er aber vorbei. Den Namen »Cook-Inseln« bekam die Inselgruppe erst im 19. Jahrhundert vom russischen Seefahrer und Kartographen Krusenstern.

Als europäischer Entdecker von Aitutaki gilt der Brite William Bligh. Auf dem Weg von Tahiti nach Tonga, beladen mit Brotfruchtbäumen für die Karibik, sichtete er

Coconut time: das entspannte Gefühl der Zeitlosigkeit

diese Insel im Jahre 1789, nur wenige Tage vor jener Meuterei, die ihn in die Geschichtsbücher eingehen ließ. Der Kontakt zu den einheimischen Polynesiern war freundschaftlich und Bligh konnte sich mit ihnen verständigen, da sie eine dem Tahitianischen ähnliche Sprache sprachen.

Die lebensfrohen Bewohner Aitutakis sind bekannt für ihre sinnlichen Tänze. Ihr «Tamure«, eine Art Hula, soll der schnellste und erotischste in der ganzen Südsee sein. So viel zur Schau getragene Sinnlichkeit war den ersten Missionaren natürlich ein Dorn im Auge. Sie unterdrückten die Kultur der Polynesier und verboten ihre Tänze und Bräuche. Da ist es schon eine kleine nachträgliche Genugtuung, dass lan-

Blick vom 124 m hohen Maungapu

ge Zeit wegen der nicht berücksichtigten Datumsgrenze die Sonntagsgottesdienste am falschen Tag gefeiert wurden.

Eine Fahrt durch die Lagune Aitutakis, deren Schönheit hymnisch gepriesen wird, ist ein Muss für jeden Besucher und ein unvergessliches Erlebnis. Höhepunkt ist die Anlandung auf dem unbewohnten Motu »Tapuaetai«, das auch »One-Foot-Island« genannt wird. Mit seinem schneeweißen Strand aus feinstem Korallensand und seiner Tropenvegetation macht das Inselchen den Eindruck, als sei es nicht von dieser Welt, sondern am Schreibtisch eines Disney-Studios erdacht worden.

14

CHATHAM ISLANDS

Neuseeland

INSEL DER MORIORI - PAZIFISTEN IM PAZIFIK

Basaltküste

800 km östlich von Christchurch liegt in geradezu hermetischer Abgeschiedenheit Neuseelands isolierteste Inselgruppe, die »Chatham Islands«. Nur zwei der zehn Inseln des Archipels, der eine Gesamtfläche von fast 1000 qkm hat, sind bewohnt. Benannt wurden die Inseln nach Kapitän William Broughtons Schiff »Chatham«, das 1791 auf der Insel landete. Die Hauptinsel Chatham Island wird vom 44. Breitengrad Süd durchschnitten, dementsprechend rau und wechselhaft ist das Klima hier an der Grenze zur Subantarktis. Anders als auf Stewart Island ist die Insel nicht von Urwald bedeckt, sondern landwirtschaftlich genutzt. Überall auf der Insel grasen Schafe zwischen sturmgebeugten Bäumen und pittoresken Wäldchen auf Vul-

kanhügeln. Rund ein Fünftel der Fläche der Hauptinsel wird von der riesigen »Te-Whanga-Lagune« eingenommen, einer Brackwasserlagune, die die wenigen kleinen Flüsse der Insel aufnimmt. Jedenfalls muss es für die sonnenverwöhnten Polynesier aus dem tropischen Pazifik, die vor 500 bis 1000 Jahren hier herkamen, nicht leicht gewesen sein, sich mit diesen rauen Lebensbedingungen zu arrangieren. »Moriori« hießen die Ureinwohner der Chathams. Sie waren verwandt mit den Maoris auf den neuseeländischen Hauptinseln, doch über Jahrhunderte liefen ihre Entwicklungen getrennt. Durch blutige Stammeskriege dezimiert, beschlossen die Moriori eines Tages, das Töten von Menschen zu tabuisieren. Sie entwickelten eine pazifistische

Traumversunkene Landschaft

Kultur. Holzstöcke durften nicht dicker als ein Daumen und nicht länger als ein Arm sein, um nicht als tödliche Waffen missbraucht werden zu können. Mitte des 19. Jahrhunderts – erst nach der Ankunft der Europäer – kamen kriegerische Maoris von der Nordinsel Neuseelands auf die Chathams. Diese legten den Pazifismus der ansässigen Moriori als Feigheit aus, unterwarfen und versklavten sie und hielten sie wie Rinder als Nahrungsreserve für ihre kannibalischen Gelüste. Zu Beginn des 20. Jahrhunderts waren die Moriori so weit dezimiert, dass ihr Untergang besiegelt war. Der letzte reinblütige Moriori, Tommy Solomon, starb im Jahre 1933.

Die heutigen Chatham Islander sind Nachkommen der Moriori, Maori und Eu-

Moriori Baumritzung

ropäer. Sie leben vom Fischfang und von der Landwirtschaft. Sie sind stolz, jeden neuen Morgen als erste Erdenbürger die Sonne zu sehen, denn die Chatham Islands liegen an der Datumsgrenze.

Die Inseln beherbergen eine einzigartige Flora und Fauna. In dieser isolierten Insellage hat die Evolution Riesen-Vergissmeinnichte und die südlichste Palmenart der Welt, die »Nikau-Palme«, hervor gebracht. Es ist schon erstaunlich, dass auf dieser windgepeitschten Insel – weit entfernt von den Tropen – noch Palmen wachsen. Nikau ist polynesisch und bedeutet »Palme ohne«, gemeint ist ohne Nüsse, denn solche trägt diese Palme mit ihrer markanten, rasierpinselartigen Krone nicht.

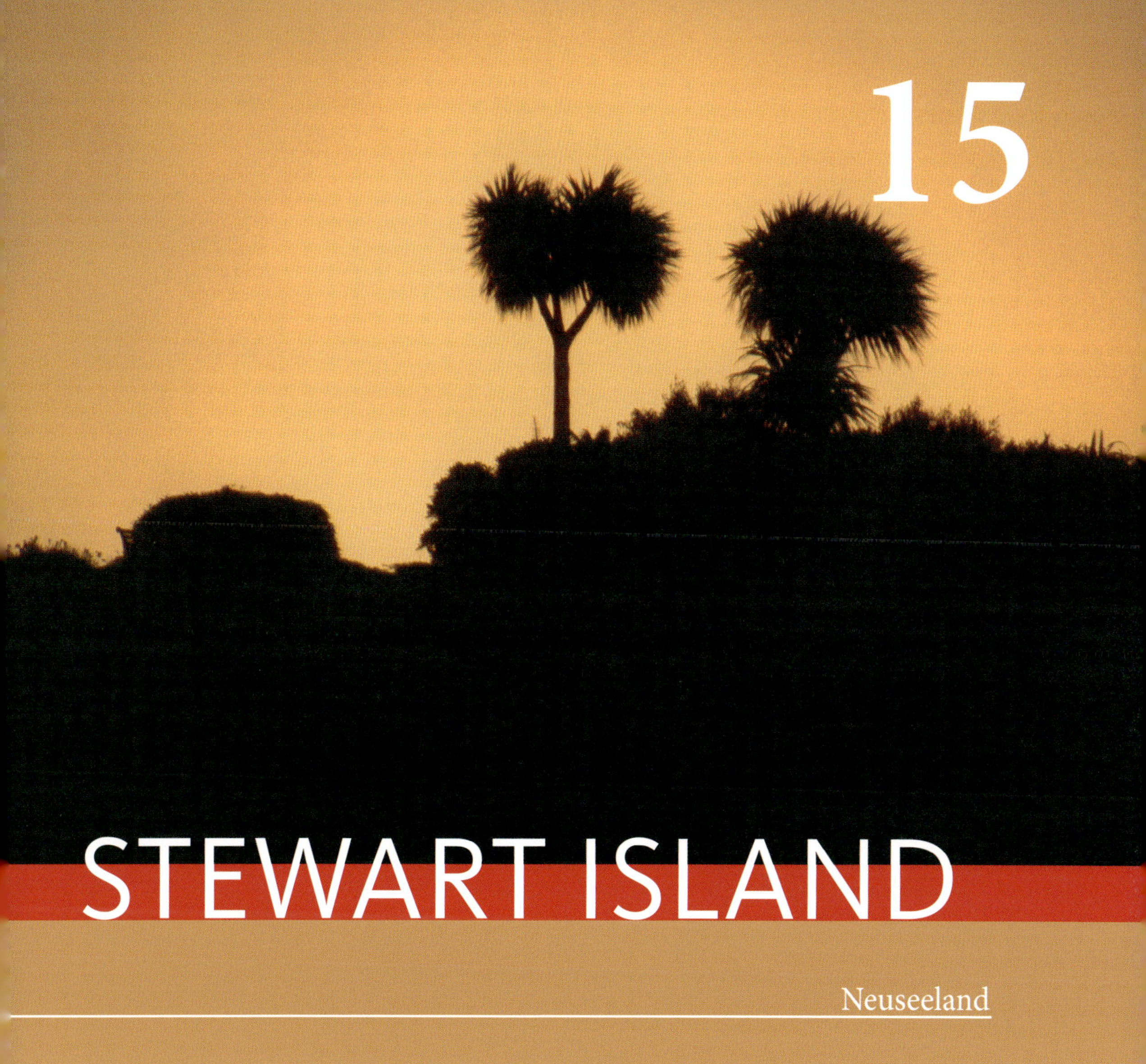

LAND DER GLÜHENDEN HIMMEL

Riesenbaumfarne

»Rakiura« nannten die Maori, die lange vor den Europäern diese Insel erreichten und besiedelten, Stewart Island. Rakiura bedeutet »Land der glühenden Himmel«, ein poetischer Name, der die eindrucksvollen Sonnenuntergänge auf der Insel beschreibt. Der europäische Namensgeber der Insel war der Walfänger William Stewart, der 1809 die Insel umsegelte und kartografierte. James Cook hatte die Insel schon 1770 gesichtet, glaubte aber, sie sei mit der Südinsel Neuseelands verbunden und nannte sie »Cape South«. Stewart Island ist mit rund 1700 qkm die drittgrößte Insel Neuseelands. Sie liegt nur 25 km südlich der neuseeländischen Südinsel, getrennt von dieser durch die so genannte »Foveaux-Straße«. Eingefleischte Lokal-

Laufvogel Weka

patrioten bezeichnen sie sogar als die »dritte Hauptinsel Neuseelands«. Die einzige Ansiedlung auf Stewart Island heißt Oban, ein Fischerdorf mit ein paar hundert Einwohnern an der Halfmoon Bay. Die gebirgige und stark bewaldete Insel hat den europäischen Besiedlungsversuchen erfolgreich getrotzt und gibt uns heute mit ihrer unvergleichlichen Fauna und Flora einen Eindruck, wie Neuseeland vor der Besiedelung durch die Europäer ausgesehen haben mag. 87% der Insel sind heute Nationalpark, der unter Natur- und Wanderfreunden auf der ganzen Welt einen legendären Ruf genießt. Besonders Ornithologen hat es Stewart Island angetan. Die Insel ist die Heimat vieler einzigartiger Vogelarten wie dem Stewart Island Brown

Schwergewichtige Neuseelandtaube

Kiwi, einer der sechs Unterarten des neuseeländischen Wappentiers, dem Weka, einem huhnartigen Laufvogel, dem Kaka, einer dem bekannteren Kea verwandten Papageienart, der schwergewichtigen Neuseelandtaube, dem sangesfreudigen Tui und vielen anderen. Auf der Vogelschutzinsel Ulva Island ist es gelungen, für Neuseelands endemische Vogelwelt ein rattenfreies Refugium zu schaffen. Neuseeland kannte vor der Ankunft der Europäer keine Landsäugetiere außer zwei Fledermausarten. Eingeschleppte Ratten und Opossums richteten daher großen Schaden an der heimischen Vogelwelt an und bedrohten sie in ihrer Existenz.

Stewart Island ist von einem nichttropischen Regenwald bedeckt, der von Vogelge-

Einsamer Strand auf Ulva Island

sang erfüllt ist. Giftige oder gefährliche Tiere gibt es nicht. Besonders eindrucksvoll sind die riesigen Baumfarne, die – wie die übrige Flora Neuseelands – ein Relikt des Urkontinents Gondwanaland sind. Es gibt über 180 Farnarten in Neuseeland. Die Farnspirale ist ein uraltes Maori-Symbol für Entfaltung und ist zu einem nationalen Symbol Neuseelands geworden.

Das Klima Stewart Islands ist unbeständig, feucht und windig, doch wegen günstiger Meeresströmungen relativ mild für diese hohen Breiten. An manchen Tagen können alle vier Jahreszeiten in Folge auftreten. Das einzig Beständige am Wetter hier ist seine Unbeständigkeit.

16

THE SNARES

Neuseeland

DIE FALLE

Endemische Snares-Pinguine

Für Musiker ist »snare« eine Trommel, die Grundbedeutung dieses englischen Begriffes ist aber »Falle«. Es war der britische Entdecker George Vancouver, der dieser 100 km südwestlich von Stewart Island liegenden, subantarktischen Inselgruppe ihren Namen gab. Offensichtlich hielt er die schroffen Granitfelsen der Snares, die ein wenig an die Seychellen erinnern, für eine Gefahr für die Schifffahrt. Die Entdeckung der Inseln durch die Europäer ist mit einem Kuriosum verbunden: Die Snares wurden an ein und demselben Tag, dem 23.11. 1791, gleich zweimal entdeckt, zunächst vom besagten George Vancouver und kurz darauf von William Broughton, der auch als Entdecker der Chathams gilt. Auf Vancouver geht die Namensgebung »The Snares« zurück und Broughton lieh seinen Namen einer der Inseln. Den Ma-

Granitfelsen und Riesenkelp

oris war die Insel schon seit langem bekannt. Für sie hieß die Inselgruppe »Tini Heke« und eine der Inseln »Te Taniwha«, »Meeresungeheuer«, was dem Begriff »snares« nicht unähnlich ist.

Trotz ihrer bescheidenen Größe von insgesamt nur 3,5 qkm sind die Snares ein bedeutendes Refugium für viele Tierarten. Die Snares gehören zu den wenigen Inseln, die noch frei von eingeschleppten Tier- und Pflanzenarten sind. Nicht einmal Mäuse gibt es auf den Inseln. Aus diesem Grund und wegen der enormen Dichte an Brutkolonien sind Anlandungen verboten. An die drei Millionen Dunkelsturmtaucher, in der Sprache der Maoris »Titi« genannt, brüten und leben auf diesen Inseln. Noch ein ganz besonderer Vogel kommt ausschließlich hier auf den Snares vor: der

Geschickte Extremkletterer

Snares-Pinguin, ein endemischer Schopfpinguin, der im Gegensatz zu den anderen Pinguinarten standorttreu ist. Geschätzte 30 000 Brutpaare, verteilt auf etwa hundert Kolonien, leben hier. Da ihr ätzender Kot den Boden aufweicht und jegliche Vegetation im näheren Umfeld vernichtet, wandern die Kolonien ständig weiter, um nicht im Schlammboden zu versinken.

Das Klima auf den Snares ist überraschend mild und gleichbleibend das Jahr über, kaum Fröste und eine Durchschnittstemperatur von 11° Celsius. Das hat eine dichte Bewaldung und eine üppige Flora zur Folge. Typisch für die Snares sind zwei Arten von Margeritenbäumen, Olearia lyallii und Brachyglottis stewartiae, und riesenwüchsige Blumen, »Megaherbs« genannt.

Snares-Pinguine sind eine Unterart der Schopfpinguine

Normalerweise assoziiert man Pinguine ja mit Eisschollen. Doch auf den Snares gibt es einen unerwarteten und befremdlichen Anblick, der so gar nicht zum Image von Pinguinen passt: nämlich Pinguine auf Bäumen. Snares-Pinguine haben das ungewöhnliche Verhalten, auf bodennahe Äste zu klettern. Aber nicht nur auf Bäumen sind diese Pinguine Meister des Kletterns. Auf dem »penguin slope«, einem äußerst steilen Granithang, führen Hunderte von Snares-Pinguinen staunenden Besuchern in Schlauchbooten – Anlandungen sind ja nicht erlaubt – die Kunst des Extrembergsteigens vor.

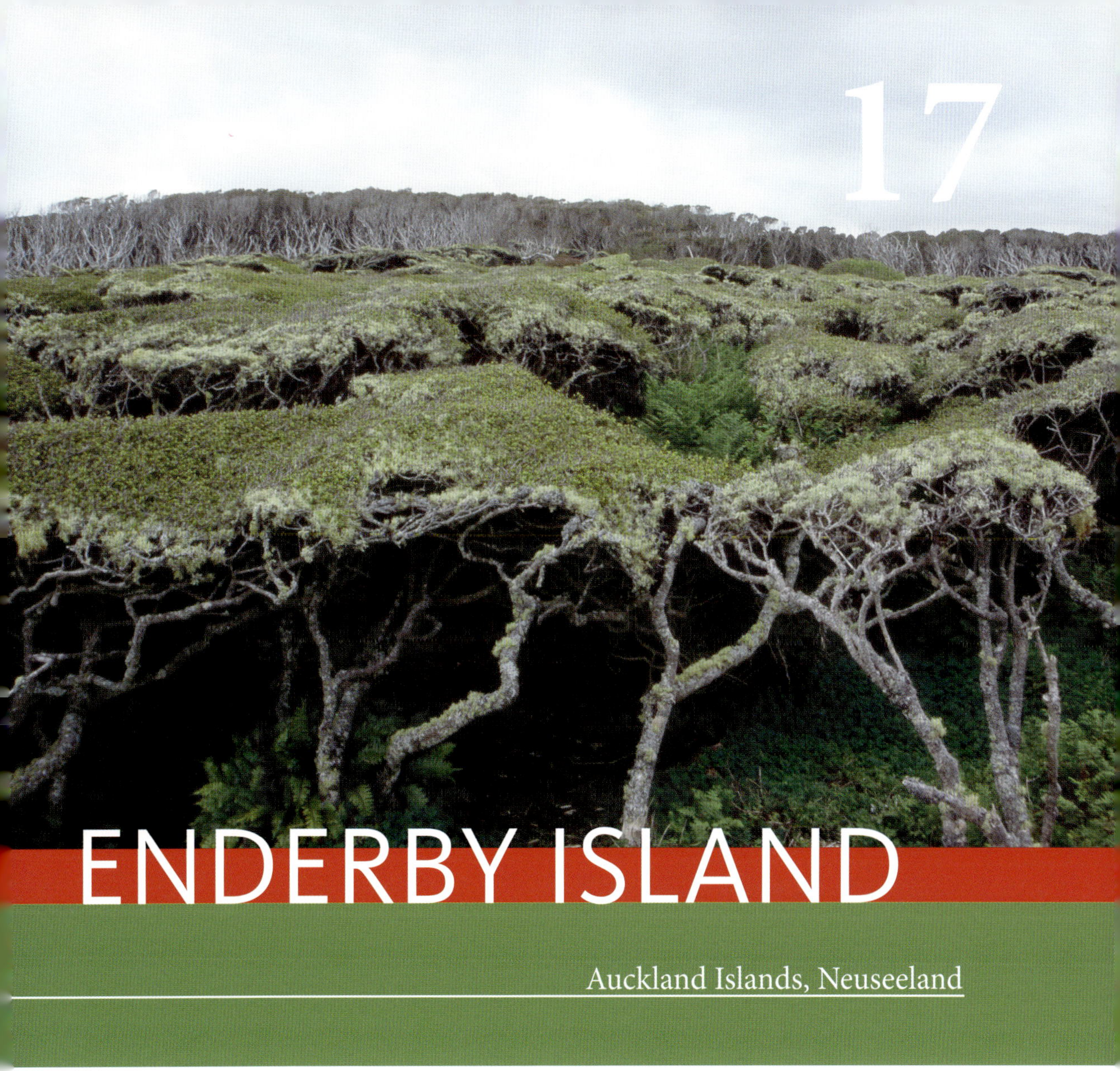

17

ENDERBY ISLAND

Auckland Islands, Neuseeland

NEUSEELANDS ANTWORT AUF DEN DEUTSCHEN MÄRCHENWALD

Gelbaugenpinguine sind die seltensten Pinguine der Welt

250 km südlich der Snares liegen auf etwa 50° Süd die »Auckland Islands«. Mit über 500 qkm Fläche ist sie die größte der fünf subantarktischen Inselgruppen Neuseelands. Enderby Island liegt ganz im Norden der Aucklands. Wegen ihrer relativ geschützten Lage hat die flache Insel ein mildes Klima und die Natur zeigt sich hier noch einmal besonders großzügig und vielfältig. Knorrige Rata-Bäume mit schraubenartig gewundenen Stämmen und dichten, rot blühenden Baumkronen schaffen hier einen undurchdringlichen Märchenwald, von dem man zu Recht sagt, es sei leichter, oben drüber als unten durch zu gehen. Dass einer der Bewohner dieses unwirklichen Paradieses ein giftgrüner Papagei mit feuerrotem Schopf – Kakariki genannt – ist, lässt den staunenden Laien an seinem geografischen Hausverstand

Sandy Beach: Privatstrand exklusiv für Hooker-Seelöwen

zweifeln. Aber auf dieser subantarktischen Insel gibt es noch eine andere geografische Ungereimtheit: Hier leben der besagte Kakariki, ein Ziegensittich, und der Gelbaugenpinguin – Hoiho (= Schreihals) genannt – friedlich nebeneinander. Dass beide Arten auch noch klangvolle Maori-Namen haben, hängt mit der frühen Besiedelung durch Polynesier zusammen. Die Auckland Islands sind das südlichste Siedlungsgebiet, das die Polynesier auf ihren großen Migrationen durch den riesigen Pazifik erreicht haben. Südseeinsulaner und Pinguine – eine unglaubliche Begegnung.

Gelbaugenpinguine sind schon eine ganz besondere Art. Als einzige Pinguinart bilden sie keine Brutkolonien. Sie sind die am wenigsten sozial lebenden und die sel-

Basaltküste im Morgenlicht

tensten Pinguine der Welt. Man schätzt ihre Art auf nur noch 4500 Individuen. Die meisten leben hier auf Enderby Island, einige wenige auch auf Stewart Island und der neuseeländischen Südinsel.

Nicht weniger selten ist der Hooker-Seelöwe, der zu 90% auf den Auckland Islands lebt. Eine große Kolonie befindet sich am »Sandy Beach« von Enderby Island.

Unüberhör und -sehbar für Besucher tummeln sich hier oft Hunderte von Seelöwen aller Alterstufen, die Harems eifersüchtig bewacht von den aggressiven Bullen.

Erst Jahrhunderte nach den Polynesiern fanden Europäer die Inselgruppe. 1806 entdeckte Abraham Bristow, Kapitän eines Walfangschiffes, die in der Zwischenzeit

Auckland-Island-Kormorane

wieder unbewohnten Inseln. 1842 kam eine Gruppe von Maori mit ihren Moriori-Sklaven von den Chathams, 1849 waren es britische Auswanderer unter Charles Enderby, die sich hier ansiedeln wollten. Doch die Kolonisationsversuche waren nur von kurzer Dauer. Die weißen Kolonisten gaben schon nach zweieinhalb Jahren auf, die Maori trotzten der rauen Natur immerhin rund 20 Jahre. Als problematisches Erbe hinterließen sie eingeführte Haus- und Wildtiere, die das empfindliche biologische Gleichgewicht des Archipels nachhaltig störten. Heute versucht man mit teuren Ausrottungsprogrammen den ursprünglichen Zustand dieses Tierparadieses wieder herzustellen.

18

CAMPBELL ISLAND

Neuseeland

INSEL DER KÖNIGSALBATROSSE

Riesige Tussockgrasbüschel stehen wie Heuschober in der Landschaft

Sie ist die südlichste der subantarktischen Inseln Neuseelands und liegt auf 52° südlicher Breite, etwa 700 km vom neuseeländischen Festland entfernt. »Furious Fifties«, also »Rasende Fünfziger«, werden die Breiten zwischen dem 50. und 60. Grad genannt – und das nicht zu Unrecht. Ständiger Westwind beschert der Insel stürmische See und unbeständiges Wetter und macht sie zu einem der sonnenärmsten Orte auf der Welt, mit nicht weniger als 325 Regentagen im Jahr.

Für uns Menschen ein abweisender Ort, für viele Tiere ein Paradies. Campbell Island ist der ideale Rastplatz für See-Elefanten, Seelöwen, Pinguine, Sturmvögel und vor allem für Albatrosse. Es ist die Insel mit der weltweit größten Population an Königsalbatrossen. Hier finden diese majestätischen Vögel, die mit einer Flügelspann-

Die gelb leuchtenden Blüten der Bulbinella Rossii

weite von bis zu drei Metern über die Südmeere segeln, ideale Nistplätze und Bedingungen zur Aufzucht ihrer Jungen vor. Albatrosse gehören zu den ausdauerndsten Langstreckenfliegern und sind ihren Partnern lebenslang treu, eine nicht nur in der Tierwelt höchst seltene und bemerkenswerte Eigenschaft.

Aber nicht nur für Tiere ist Campbell Island paradiesisch, auch Pflanzen gedeihen überraschend gut und entfalten trotz oder gerade wegen der rauen Umweltbedingungen ein spektakuläres Riesenwachstum. Hier auf Campbell Island gibt es im Südsommer üppige Blumenwiesen mit Riesenblumen, – »Megaherbs« genannt, die farbig von den leuchtend gelben Blüten der »Bulbinella Rossii« dominiert werden. Es ist geradezu paradox, dass ausgerechnet an diesem lebensfeindlich anmutenden

Junger See-Elefant

Ort die Natur mit solch verschwenderischer Großzügigkeit überrascht. Erst 1810 entdeckte der Walfänger Frederick Hasselburg die nur 113 qkm große Insel am Ende der Welt und gab ihr den Namen seines Auftraggebers Robert Campbell. Der größte Fjord dieser von den Kräften des Vulkanismus geschaffenen und von den Gletschern der letzten Eiszeit geformten Insel trägt den Namen von Hasselburgs Schiff: »Perseverence Harbour«. Nach der Dezimierung der Tierbestände durch Walfänger und Robbenjäger versuchte man es auf dieser klimatisch nicht gerade begünstigten Insel mit Landwirtschaft und Schafzucht – mit dementsprechend verheerenden Konsequenzen für Flora und Fauna.

An den wenigen Sonnentagen im Jahr zeigt sich die wahre Schönheit Campbell Islands

Doch das ist alles Geschichte. Seit 2003 gilt Campbell Island als »rattenfrei«. Ein äußerst ehrgeiziges und kostspieliges Ausrottungsprogramm hat aus dieser Insel, die lange Zeit als Insel mit der dichtesten Rattenpopulation der Welt galt, wieder einen sicheren Zufluchtsort für unzählige Tierarten gemacht. Heute gibt es selbst die beinahe ausgerotteten Campbell-Island-Enten und Campbell-Island-Schnepfen, zwei flugunfähige Endemiten, wieder in größerer Zahl. Campbell Island hat es sogar ins Buch der Rekorde geschafft: Auf dieser wegen des rauen Klimas baumlosen Insel steht der »einsamste Baum der Welt«.

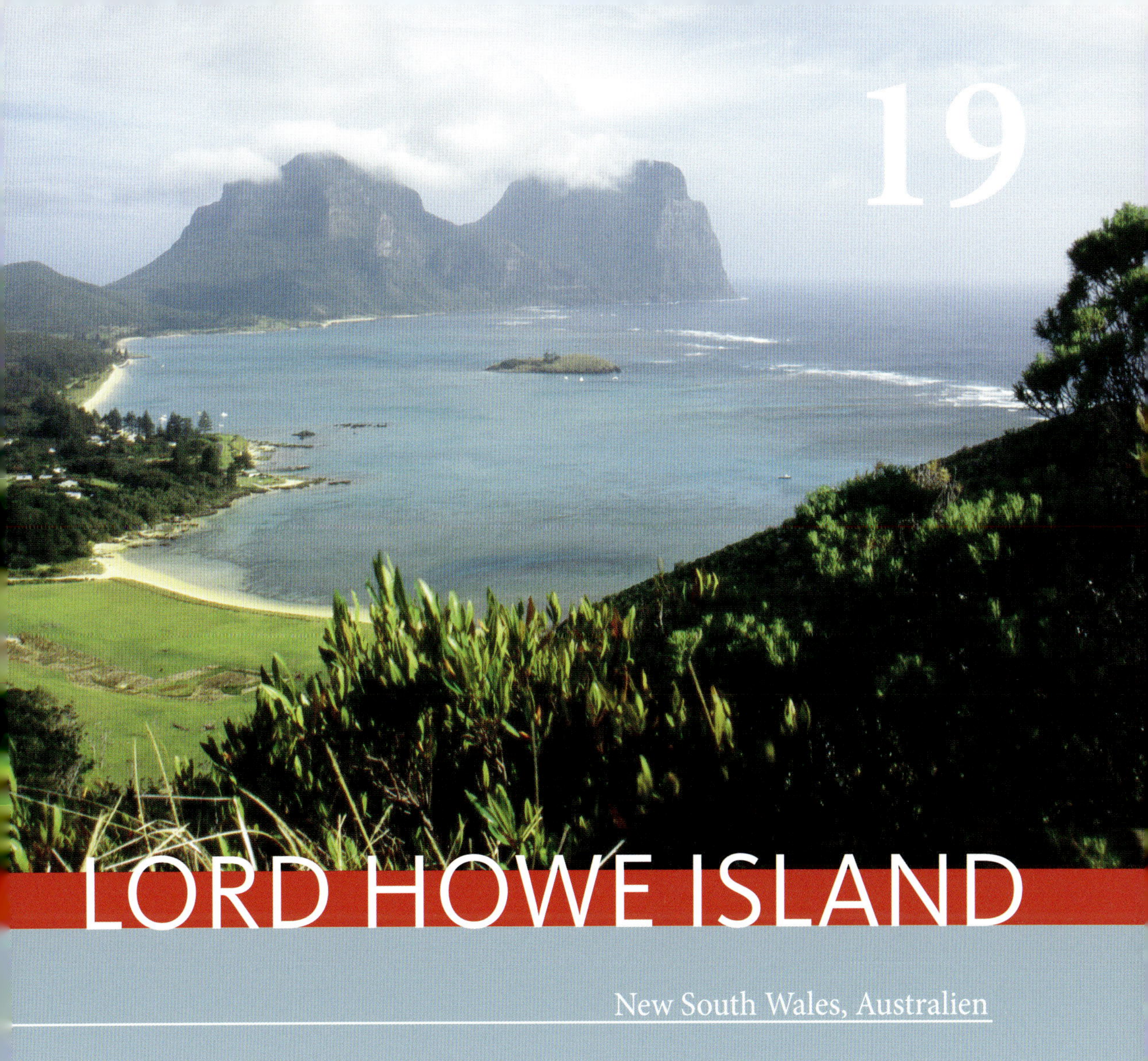

19

LORD HOWE ISLAND

New South Wales, Australien

AUSTRALIENS SÜDSEEPARADIES

Die Lagune von Lord Howe Island beherbergt das südlichste Korallenriff der Welt

Etwa 600 km von der Küste des australischen Bundesstaates New South Wales entfernt liegt einsam inmitten der Tasman-See, einem Nebenmeer des Südpazifiks, die Insel Lord Howe. Und sie liegt wirklich einsam und verloren in der riesigen Wasserwüste, denn außer Lord Howe gibt es dort nur noch die Insel Norfolk als weit entfernten Nachbarn. Lord Howe ist nur 14 qkm groß und vulkanischen Ursprungs, deutlich sichtbar an den steil bis zu 800m aus dem Meer aufragenden Zwillingsbergen Mount Gower und Mount Lidgbird, die mit einer ihnen zu Füßen liegenden Traumlagune der Insel eine unverkennbare Topografie verleihen. Lord Howe liegt auf 31° Süd, also schon merklich außerhalb der Tropen. Umso erstaunlicher ist daher die Tatsache, dass die sichelförmige Insel von einem Korallenriff, dem süd-

»Lovers' Bay« – einsame Bucht für Romantiker

lichsten der Welt, gesäumt wird. Dieses Korallenriff und die endemischen Kentia-Palmen machen aus Lord Howe ein wahres Südseeparadies – mit angenehm subtropischem Klima.

Von den Polynesiern unentdeckt, gehört die Insel Lord Howe zu den wenigen pazifischen Inseln, die wirklich von Europäern »entdeckt« wurden. Es war Henry Lidgbird Ball, der auf der Fahrt von Sydney nach Norfolk im Jahre 1788 seinen Fuß auf diese Insel setzte und sie zu Ehren eines englischen Flottenadmirals »Lord Howe« nannte. Erst 1833 ließen sich die ersten Siedler, drei Europäer und ihre Maori-Frauen, auf der Insel nieder.

Heute leben rund 400 Menschen auf diesem Bilderbuch-Eiland. Sie wissen um die

Vogelparadies Lord Howe: ein Maskentölpel vor der Traumkulisse

Einmaligkeit ihrer Insel und halten Wirtschaft und Umweltschutz in vorbildlicher Balance: Die Anzahl der Touristen darf zu keinem Zeitpunkt die Anzahl der Einwohner übersteigen, naturbelassener Primärwald und englischer Rasen leben in friedlicher Koexistenz nebeneinander. Wegen seiner außerordentlichen Schönheit und seiner einzigartigen Flora und Fauna wurde Lord Howe zum Weltnaturerbe erklärt. Dennoch wirkt die Insel mit ihrer eigenwilligen Mischung aus Kultur- und Naturlandschaft sehr gepflegt. Entspanntheit ist ein weiteres Merkmal dieser Trauminsel. Ein Mobilfunknetz existiert nicht, das Fahrrad gilt als flottes Fortbewegungsmittel und Sydneys Großstadthektik scheint mehr als die gemessenen 700 km Luftlinie entfernt.

Die schlanken Kentia-Palmen sind Lord Howes Exportschlager

Kein Wunder, dass sich selbst die scheue Waldralle, Lord Howes flugunfähiger Vorzeige-Vogel, wieder vermehrt aus den dichten Urwäldern herauswagt und wieder überall auf der Insel zu sehen ist. Dabei ist die »Woodhen« nur knapp und dank unermüdlichen Einsatzes von Naturschützern ihrer sicheren Ausrottung entkommen. Dieses Glück hatte eine vor zirka 20 000 Jahren auf Lord Howe lebende Riesenschildkröte leider nicht. Ein Skelett dieses eigentümlichen Wesens, das mit hornartigen Knochenauswüchsen am Schädel und seinem morgensternförmigen Schwanz an einen Saurier erinnert, ist nur noch im kleinen Inselmuseum zu besichtigen.

20

ILE DES PINS

Neukaledonien

INSEL DER PINIEN

Sonnenuntergang in der Ouameo-Bucht

Wieder war es James Cook, der auf seiner zweiten Südseereise im Jahre 1774 als erster Europäer auf diese außergewöhnliche Insel stieß. Beeindruckt von den mächtigen, bis zu 50 Meter hohen Säulenaraukarien, die ihm als taugliche Mastbäume für Schiffe erschienen, nannte er die Insel »Isle of Pines«. Die Bezeichnung ist zwar botanisch gesehen falsch, hat sich aber bis zum heutigen Tag als »Ile des Pins« gehalten. Französisch deshalb, weil die Franzosen in der Mitte des 19. Jahrhunderts auf der Suche nach Sträflingsinseln Neukaledonien und seine umliegenden Inseln zu diesem Zweck annektierten. Es ist schon eine besondere Paradoxie, dass ausgerechnet diese Perle des Pazifiks, die nach Einschätzung des französischen Geologen

Felsinseln in der Upi-Bucht

Jules Garnier dem Paradies am nächsten kommt, von Napoleon dem Dritten zur Strafkolonie degradiert wurde.

Die seit Jahrtausenden ansässigen melanesischen Bewohner nennen ihre Insel »Kunie«. Sie liegt nur 70 km südöstlich von »Grande Terre«, der Hauptinsel Neukaledoniens. Ihrer Lage knapp am Wendekreis verdankt diese einzigartige Insel auch ihr angenehmes Klima, das der oben erwähnte Geologe Garnier – Entdecker der reichen Nickelvorkommen Neukaledoniens – als das gesündeste der Welt pries. Es ist dem mediterranen Klima Südfrankreichs nicht unähnlich. Mit nur 150 qkm hat die Ile des Pins nicht einmal ein Hundertstel der Größe der Hauptinsel Grande Terre,

Zwei der wohl schönsten Strände des Pazifiks: Kuto...

die mit rund 17 000 qkm die größte Insel Ozeaniens ist (Neuguinea und Neuseeland nicht eingerechnet). Neukaledonien ist ein Relikt des einstigen Urkontinents Gondwanaland. Ähnlich wie auf dem viel berühmteren Madagaskar konnte sich auch hier eine Artenvielfalt entwickeln, die ohne Vergleich ist. 13 der 19 Araukarienarten, die es weltweit gibt, wachsen nur hier auf Neukaledonien.

Neukaledonien wird zur pazifischen Großregion Melanesien gerechnet, zu der auch Neuguinea, die Salomonen, Vanuatu und Fidschi gehören. Melanesien bedeutet »schwarze Inseln«, eine Anspielung auf die dunkelhäutigen Bewohner, die sich in ihrer äußeren Erscheinung eindeutig von ihren polynesischen Nachbarn unter-

... und Kanumera

scheiden. Die Melanesier Neukaledoniens bezeichnen sich selbst auch als »Kanaken«, ein bei uns negativ besetzter Begriff, da er heute vielfach als diskriminierendes Schimpfwort für Migranten südländischen Aussehens verwendet wird. Dieser Begriff leitet sich ursprünglich vom hawaiianischen Wort »kanaka« ab, was schlicht »Mensch« bedeutet. Noch im 19. Jahrhundert wurde unter deutschen Matrosen die Bezeichnung »Kanake« als Ehrentitel für besonders fähige und kameradschaftliche Kollegen verwendet. Einen krasseren Bedeutungswandel kann ein Begriff wohl nicht durchmachen. Für die Neukaledonier ist der Begriff »Kanake« heute ein Ausdruck ihres wieder erstarkten Selbstbewusstseins und Unabhängigkeitsstrebens.

21

TANNA

Vanuatu

FEUERINSEL IM PAZIFIK

In einem »Kastom Village« leben die Menschen wie seit Urzeiten

Der aus 83 Inseln bestehende Staat Vanuatu ist seit 1980 unabhängig. Zuvor war die Inselgruppe ein britisch-französisches Kondominium mit dem Namen »Neue Hebriden«. Schon sehr früh, im Jahre 1606, stieß ein Europäer, der Spanier Pedro de Quiros, auf diese verlorenen Inseln. Quiros war ein religiöser Schwärmer und weltfremder Phantast, der das sagenhafte Südland finden und deren Bewohner zum Christentum bekehren wollte. Als er auf der größten Insel des Archipels an Land ging, glaubte er den Südkontinent gefunden zu haben. Er taufte seinen »Kontinent« »Austrialia del Espiritu Santo«. »Austrialia« ist eine Kombination der Begriffe »Terra Australis (= Südland)« und »Austria (= Österreich)«. Zu jener Zeit war ja der

Vulkanaschedünen um den Mount Yasur

spanische König ein österreichischer Habsburger. Aus den hochfahrenden Kolonisationsplänen des Träumers Quiros, der den nächstbesten Fluss »Jordan« taufte und ein »Neues Jerusalem« errichten lassen wollte, wurde nichts. Der Archipel rückte für die nächsten 160 Jahre aus dem Blickfeld der Europäer, bis Bougainville und später Cook in den Gewässern um Vanuatu auftauchten. Letzterer wurde von den weithin sichtbaren nächtlichen Vulkanausbrüchen des Mount Yasur auf der Insel Tanna angelockt. Cook gab dem Vulkanberg den Beinamen »Leuchtturm der Südsee«. Er wollte den Yasur sogar besteigen, doch die melanesischen Häuptlinge erklärten ihn für tabu.

Tannas »Wolkenkratzer«

Tannas Vulkan Yasur ist eine Besonderheit für Vulkanologen und interessierte Laien, da er regelmäßig alle paar Minuten unter Donnergrollen Aschewolken und Lavafontänen ausstößt. Außerdem gilt er als der bestzugängliche Vulkan der Welt. Beobachter können das Naturschauspiel des Vulkanausbruchs direkt am Kraterrand erleben. Der Aufstieg zum nur 361 m hohen Yasur ist schnell geschafft, das Hauptproblem ist eher die stundenlange Anfahrt auf nicht asphaltierten Straßen, die von tropischen Regengüssen in abenteuerliche Naturpisten verwandelt wurden.
Tanna ist eine fruchtbare Insel, auf der Kava. Kaffee, Früchte und Gemüse vorzüglich gedeihen. Auf der 560 qkm großen Insel leben rund 20 000 Menschen in zahlreichen

Melanesischer Junge mit Gesichtsbemalung

Dörfern, sehr traditionell und oft in bewusster Abkehr vom westlichen Lebensstil. Nach einer Studie der britischen New Economics Foundation sehen sich die Bewohner Vanuatus trotz ihrer Bedürfnislosigkeit als die glücklichsten Erdenbürger.

Eine weitere Besonderheit Tannas ist der John-Frum-Kult, eine skurrile Religion, die ihren Anhängern die Wiederkehr ihres Messias John Frum mit allen materiellen Segnungen Amerikas prophezeit. John Frum – wahrscheinlich eine Verkürzung von »John from America« – war ein amerikanischer Soldat, der im Zweiten Weltkrieg auf Tanna stationiert war. Bis John Frum einst wiederkommt, haben sich aber die Anhänger dieses Kultes einer ursprünglichen Lebensweise verpflichtet.

SAMOAS CHINESISCHER DRACHE

Kein Inselwitz! Einsame Palme bei Leone

Es war der Osterinsel-Entdecker Jacob Roggeveen, der auf seiner Pazifiküberquerung im Jahre 1722 auch auf die samoanischen Inseln Upolu und Tutuila stieß. Heute ist der Samoa-Archipel politisch zweigeteilt: Westsamoa mit den Hauptinseln Upolu und Savaii ist ein unabhängiger Staat, während Ostsamoa ein nichtinkorporiertes Territorium der USA ist. Es ist das einzige Außengebiet der USA südlich des Äquators. Um die Größenverhältnisse zurechtzurücken: American Samoa kommt mit seinen 200 qkm nicht einmal auf ein Zehntel der Fläche Westsamoas.
Die nur 140 qkm große Insel Tutuila ist die Hauptinsel von American Samoa. Ihr Name ist vielleicht nicht so bekannt wie der ihrer Hauptstadt Pago Pago, einem der

Hafen von Pago Pago mit dem Rainmaker Mountain

wichtigsten und schönsten Naturhäfen im Südpazifik. Der Hafen von Pago Pago ist ein mächtiger Fjord, der die Insel Tutuila, die einem chinesischen Drachen nicht unähnlich ist, in zwei Hälften zu teilen scheint. Eine Kette erloschener Vulkane, die sich über die ganze Insel zieht, bildet quasi das Rückgrat dieses chinesischen Drachens. Einer dieser Berge, der »Rainmaker Mountain«, gilt als das Wahrzeichen des Hafens von Pago Pago. »Rain« ist auch der Titel einer der populärsten und mehrfach verfilmten Kurzgeschichten des britischen Schriftstellers William Somerset Maugham, der auf diese Weise Pago Pago zu einem Schauplatz der Weltliteratur machte. Doch die Schönheit der Inselnatur Tutuilas steht in krassem Gegensatz zur Ver-

Das bestgehütete Geheimnis der Südsee: der menschenleere Strand von Ofu

schmutzung des Hafens und zur Übervölkerung der Insel mit all seinen Folgeproblemen. Tutuila ist nach Tuvalu die zweitdichtest besiedelte Insel des Pazifiks. Immerhin leben auf der 140-Quadratkilometer-Insel an die 60 000 Menschen.

Als die Amerikaner in den 50er-Jahren des 20. Jahrhunderts ihre Marinebasis in Pago Pago aufgaben, musste ein Ersatz für die vielen entfallenen Arbeitsplätze her. Also ermutigte die Regierung amerikanische Firmen, sich in Pago Pago anzusiedeln. Heute sind Fischkonservenfabriken die wichtigsten Arbeitgeber auf Tutuila.

Nur 100 km östlich von Tutuila liegt eines der bestgehüteten Geheimnisse der Südsee: die mit einer Brücke verbundenen Zwillingsinseln Ofu und Olosega. Sie

»Fatu Rock« oder »Flowerpot Rock«

scheinen die vollendete Verkörperung des Südseetraumes zu sein, und das ohne nennenswerten Tourismus. Hier geht polynesisches Alltagsleben noch seinen gemächlichen Gang. Hier gibt es noch die »Fa'a Samoa«, die samoanische Lebensart. Die Samoaner sind Polynesier wie die Tahitianer, Hawaiianer oder Maori. Sie sind ein stolzes Volk und sehen Samoa als »Wiege Polynesiens«. Die westsamoanische Insel Savaii gilt ihnen als die mythologische Urheimat aller Polynesier »Hawaiki«.

LAND AM ENDE DES REGENBOGENS

Eine architektonische Besonderheit Palaus ist das Langhaus

Nicht oft kommt ein schwärmerischer Werbeslogan (»Land am Ende des Regenbogens«) der Wirklichkeit so nahe wie in diesem Fall: Palau ist in der Tat eines der letzten Naturparadiese auf unserem Planeten. Wegen des Artenreichtums seiner Unterwasserwelt gilt es bei Tauchfreunden als »Unterwasser-Serengeti im Pazifik«. Palau, auch Belau genannt, ist ein unabhängiger Inselstaat nördlich von Papua Neuguinea, südöstlich der Philippinen. Wie Pohnpei gehört es zur mikronesischen Inselgruppe der Karolinen und auch seine Größe und geografische Lage ist der Pohnpeis sehr ähnlich: Der rund 500 qkm große Inselstaat liegt auf 7 Grad nördlicher Breite. Mit 409 qkm besitzt die Hauptinsel Babeldaob den Löwenanteil der Fläche von Palau.

Rock Islands: Palaus Pilzköpfe

Mindestens so berühmt wie Palaus Unterwasser-Wunderwelten sind die so genannten »Rock Islands«, kleine pilzkopfartige Inselchen aus korallogenem Kalkstein, von dichter Vegetation überwuchert, oft mit Stalaktiten behangen.
Sie sind Nistplatz für zahlreiche Vögel und ein Paradies für Kajakfahrer, die sich stundenlang in einem Insellabyrinth mit Lagunen, Höhlen und Seen, geschützt durch ein Riff gegen die mächtige Brandung, auf Entdeckungsreise begeben können. Wracks von japanischen Kriegsschiffen und Flugzeugen, rostige Relikte aus dem Zweiten Weltkrieg, sind begehrte Zielobjekte für Taucher und Schnorchler.
Im »Jellyfish Lake«, einem Binnen-Salzwassersee, der vor Jahrtausenden vom Meer

Paddlerparadies Palau

abgetrennt wurde, hat sich eine besondere Spezies entwickelt: eine Qualle, die mangels Feinden und Beutetieren ihr nutzlos gewordenes Nesselgift verloren hat. Stattdessen züchtet sie Algen, die sie in sich transportiert und zur »Fütterung« mit Sonnenlicht möglichst nahe an die Wasseroberfläche bringen muss. Sehr zur Freude der Taucher und Schnorchler, die so ganz gefahrlos inmitten eines Millionenheeres goldgelber Quallen mitschweben dürfen. Ein unvergessliches Erlebnis.

Eine architektonische Besonderheit Palaus sind die langgezogenen, spitzgiebeligen, bunt bemalten Männerhäuser. Heute sind sie zwar nur mehr im Museum von Babeldaob zu besichtigen, aber ihre typische Form und die bunte Bildsprache leben in

Millionen von ungiftigen Quallen im »Jellyfish Lake«

modernen Regierungsgebäuden, Banken, Autohäusern und sogar Telefonzellen als kulturelles Erbe weiter.

Auf der Suche nach Einfachheit und Ursprünglichkeit kam 1914 der deutsche Maler und Expressionist Max Pechstein nach Palau, das damals eine Kolonie des Deutschen Reiches war. Wie sein berühmter Kollege Gauguin wollte auch er fern der europäischen Zivilisation einen neuen Weg in der Malerei gehen.

24

NAN MADOL

Pohnpei, Mikronesien

VENEDIG DER SÜDSEE

Gewaltige Festungsmauer aus Basaltsäulen

Mitten im Nirgendwo des unendlichen Pazifik befindet sich eine einzigartige, mysteriöse Ruinenstadt mit imposanter megalithischer Architektur, die man in dieser weltfernen Abgeschiedenheit nicht vermuten würde: Nan Madol.

Nan Madol bedeutet »Ort der Zwischenräume«, eine Bezeichnung, die auf das Kanalsystem, welches die 92 künstlich angelegten Inseln dieser Stadt untereinander verbindet, anspielt. Eine geheimnisvolle Hochkultur hat diese als religiöse Kultstätte und Herrschersitz dienende Anlage vor etwa 700 bis 1000 Jahren errichtet. Als Baumaterial dienten tonnenschwere Basaltsäulen, die wahrscheinlich auf Bambusflößen von bis zu 50 km entfernten Steinbrüchen herbeigeschafft und blockhausartig

Kepirohi Wasserfälle

zu gewaltigen Festungsmauern aufgestapelt wurden. Wie diese logistische Meisterleistung bewerkstelligt wurde und warum ausgerechnet an diesem entlegenen Ort dieses auch als »Venedig der Südsee« oder »Machu Picchu Mikronesiens« apostrophierte architektonische Wunderwerk erbaut wurde, bleibt bis heute ein ungelöstes Rätsel. Wo der menschliche Verstand an seine Grenzen stößt, setzen übernatürliche Erklärungsversuche und Mythenbildung ein: Die Basaltsäulen sollen durch die Luft schwebend an die Baustelle befördert worden sein – mittels Zauberkraft.

Nan Madol befindet sich auf der Insel Pohnpei, dem früheren Ponape, einer Insel der Karolinen. Zusammen mit Kosrae, Chuuk und Yap ist sie eine der vier Bundes-

Abendstimmung mit dem markanten »Sokehs Rock« im Hintergrund

staaten, die die »Föderierten Staaten von Mikronesien«, kurz FSM, bilden. »Pohnpei« klingt für europäische Ohren sehr nach »Pompeji«, der antiken Ruinenstadt am Fuße des Vesuvs. Eine zufällige Namensähnlichkeit. Mikronesien, was griechisch so viel wie »kleine Inseln« bedeutet, ist aber nicht nur die Bezeichnung für diesen unabhängigen Inselstaat, sondern auch die Bezeichnung für eine der drei Großregionen Ozeaniens, neben Polynesien und Melanesien. Weitere mikronesische Staaten oder Inselgruppen neben FSM sind Guam, Nördliche Marianen, Marshall-Inseln, Kiribati, Palau und Nauru.

Die Insel Pohnpei ist mit ca. 350 qkm die mit Abstand größte der »kleinen Inseln«.

Ende einer Hochkultur

Sie liegt sehr äquatornahe etwa auf 7 Grad nördlicher Breite – paradoxerweise gibt es auch Südseeinseln im Nordpazifik –, was ein tropisches Klima und üppige Vegetation zur Folge hat. Sie gilt als die regenreichste Insel im Pazifik. Die täglichen Regengüsse fließen über die Hänge der bis zu 800 m hohen Berge im Inselinneren und stürzen in spektakulären Wasserfällen zu Tal. Die Küste ist von dichten Mangrovenwäldern bedeckt, Badestrände sucht man auf der Hauptinsel vergeblich. Pohnpei wird aber von einem Riff umgeben, das eine Lagune einschließt und von kleinen Inselchen gesäumt wird, welche den wenigen Touristen, die sich hierher verirren, Traumstrände bieten.

25

ROUND ISLAND

Walrus Islands, Alaska, USA

WO DAS WALROSS URLAUB MACHT

Abkühlung nach dem Sonnenbad

Hinter diesem banalen und fantasielosen Namen, der leider auch noch für andere Inseln auf der ganzen Welt steht und damit zu Verwechslungen führen kann, verbirgt sich aber ein wahrlich magischer Ort. Jedes Jahr im Sommer treffen sich auf den felsigen Stränden dieser winzigen Insel Tausende pazifischer Walrossbullen in Junggesellengruppen, um für einige Wochen die Eisscholle gegen festen Grund zu tauschen und so richtig zu faulenzen. Round Island und die restlichen Inseln der »Walrus Islands« liegen in der Togiak Bay, einer Nebenbucht der Bristol Bay in Alaska. Togiak ist auch der Name der nächstgelegenen Siedlung der Yupik-Eskimos auf dem Festland. Trotz seiner Nähe zum Festland wird das unbewohnte Natur-

Entspannte Schwergewichtler

schutzgebiet »Round Island« wegen des unbeständigen Wetters und der komplizierten Anreise mit Wasserflugzeug und Boot nur von wenigen Besuchern in der kurzen Saison aufgesucht. Der Anblick einer Massenansammlung von Walrossen ist dabei keineswegs garantiert: Stürmische See und hoher Wellengang können die Meeressäuger vorübergehend von den Küsten vertreiben, starker Nebel kann die Sicht behindern.

Walrosse sind eine eigene Robbenart, mit einer pazifischen und einer atlantischen Unterart. Sie sind mit einem Körpergewicht von bis zu eineinhalb Tonnen und einer Länge von bis zu dreieinhalb Metern wahre Giganten und neben den See-Elefanten

Sommercamp für Walrossbullen

die Schwergewichtler unter den Robben. Ihr einziger natürlicher Feind ist – vom Menschen einmal abgesehen – der Eisbär. Walrosse bewohnen ja ausschließlich die kalten Meere der Nordhalbkugel, das pazifische Walross vor allem die Bering- und die Tschuktschensee. Charakteristisch für Walrosse sind ihre fleischigen Schnauzen mit Borstenbart und die langen Eckzähne, die sie wie Eispickel benutzen oder damit den Meeresboden nach Nahrung aufwühlen. Im Gegensatz zu anderen Robbenarten haben Walrosse kein Fell, sondern eine faltige, warzige Haut, deren Farbe alters- und temperaturabhängig ist. Nach längerem Aufenthalt im kalten Wasser sind sie weiß wie Albinos.

Round Island – eine unscheinbare Insel in der Togiakbucht

Walrosse sind und waren die Lebensgrundlage vieler Inuit Alaskas. Selbst die Knochen waren in den baumlosen Gegenden begehrt als Baumaterial. Die Jagdweise der Inuit konnte die Walrossbestände aber nie wirklich gefährden. Erst die weißen Jäger, die es auf das wertvolle Elfenbein der Stoßzähne abgesehen hatten, brachten diese Spezies an den Rand ihrer Existenz.

Walrosse sind auf Round Island aber nicht die einzigen Tiere, die in Massen sich versammeln. An der Südspitze der Insel wimmelt es von Steller-Seelöwen und in den steilen Felswänden der Insel brüten unzählige Seevögel. Da findet auch eine heimische Rotfuchsart genügend Nahrung.

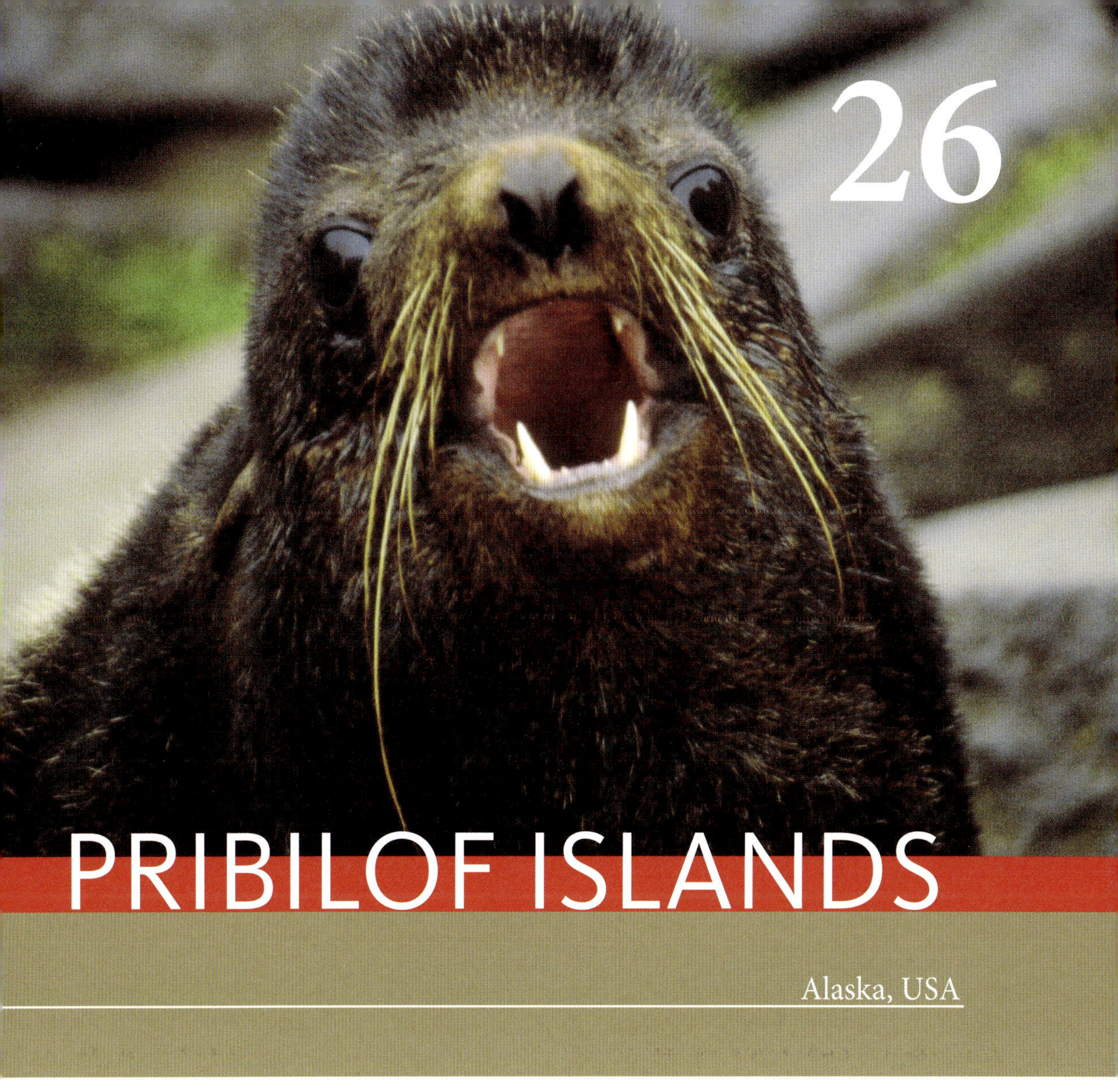

26

PRIBILOF ISLANDS

Alaska, USA

PARADIES FÜR PELZROBBEN

Tierparadies trotz widrigen Klimas

Verloren in der Weite der rauen Beringsee, etwas abseits der Inselkette der Aleuten, liegen die »Pribilof Islands«. Dieser Archipel, bestehend aus fünf kleinen Inseln mit zusammen gerade einmal 200 qkm Landfläche, ist Heimat für die weltweit größten Pelzrobbenkolonien und Brutkolonien von Seevögeln. Bis zu einer Million Robben und an die fünf Millionen Seevögel – Möwen, Lummen, Lunde und Alken – machen die Pribilofs zu einem der letzten wahren Tierparadiese auf unserer Erde. Für Menschen ist die stürmische Beringsee wegen ihres kalten, nebeligen und regnerischen Klimas – mit an die 300 Nebeltage jährlich – alles andere als eine Wohlfühloase. Dennoch kamen schon vor Jahrtausenden die ersten Menschen über eine damals noch

Auf den Pribilofs befinden sich die größten Pelzrobbenkolonien weltweit

bestehende Landbrücke von Asien hierher und weiter bis Alaska und trotzten erfolgreich den Herausforderungen der harten Natur. Sie lebten im Einklang mit dieser bis – wie so oft in der Geschichte des Pazifiks und seiner Inseln – die ersten europäischen »Entdecker« auftauchten. 1741 erreichte Vitus Bering, ein dänischer Marineoffizier in russischen Diensten, als erster Europäer die Aleuten. Der »Kolumbus des Zaren« löste damit ungewollt auch die Ausbeutung der natürlichen Ressourcen dieser Region durch russische und amerikanische Pelztierjäger und Robbenschlächter aus. Davon betroffen waren auch die Pribilof Islands mit ihren riesigen Tierbeständen. Der russische Robbenjäger Gavriil Pribilof war auf der Suche nach den Sommerrastplätzen

Ein Polarfuchs im dunkelbraunen Sommerpelz lugt schelmisch aus dem Blütenmeer

der Pelzrobben und fand trotz starken Nebels – dem meilenweit hörbaren Geheul der Tiere folgend – die heute nach ihm benannten Inseln im Jahre 1788. Sie waren damals unbewohnt, wurden aber von den einheimischen Aleutern als Stützpunkt für ihre Jagden benutzt. Trauriger Höhepunkt der maßlosen Robbenschlächterei war das Jahr 1868, nur ein Jahr nachdem Alaska und damit auch die Pribilofs von Russland an Amerika verkauft worden waren: Nicht weniger als 240 000 Robben fielen in diesem einen Jahr menschlicher Brutalität und Profitgier zum Opfer.

Seit 1966 ist der kommerzielle Robbenfang verboten. Nur den Bewohnern der beiden Aleuter-Siedlungen St. Paul und St. George auf den gleichnamigen Pribilof-In-

Erbe aus der Zarenzeit: russisch-orthodoxe Kirche

seln ist die Jagd auf eine begrenzte Anzahl von Robben noch gestattet. Heute scheint wieder paradiesischer Friede auf den Inseln eingekehrt zu sein: Jedes Jahr im Sommer verwandelt sich die baumlose Tundra in ein Blütenmeer, die kleinen – im Sommer dunkelbraunen – Polarfüchse wagen sich bis an die Häuser der Menschen und Rentiere grasen auf den saftigen Wiesen.
Letztere wurden von Europäern als Nahrungsreserve hierher gebracht. Die letzten großen Landsäugetiere auf diesen Inseln waren Wollmammuts, die bis vor 8000 Jahren hier lebten. Heute sind die als »Beachmaster« bezeichneten Pelzrobbenbullen, die stets kampfbereit ihre Harems verteidigen, wieder die wahren Könige der Pribilofs.

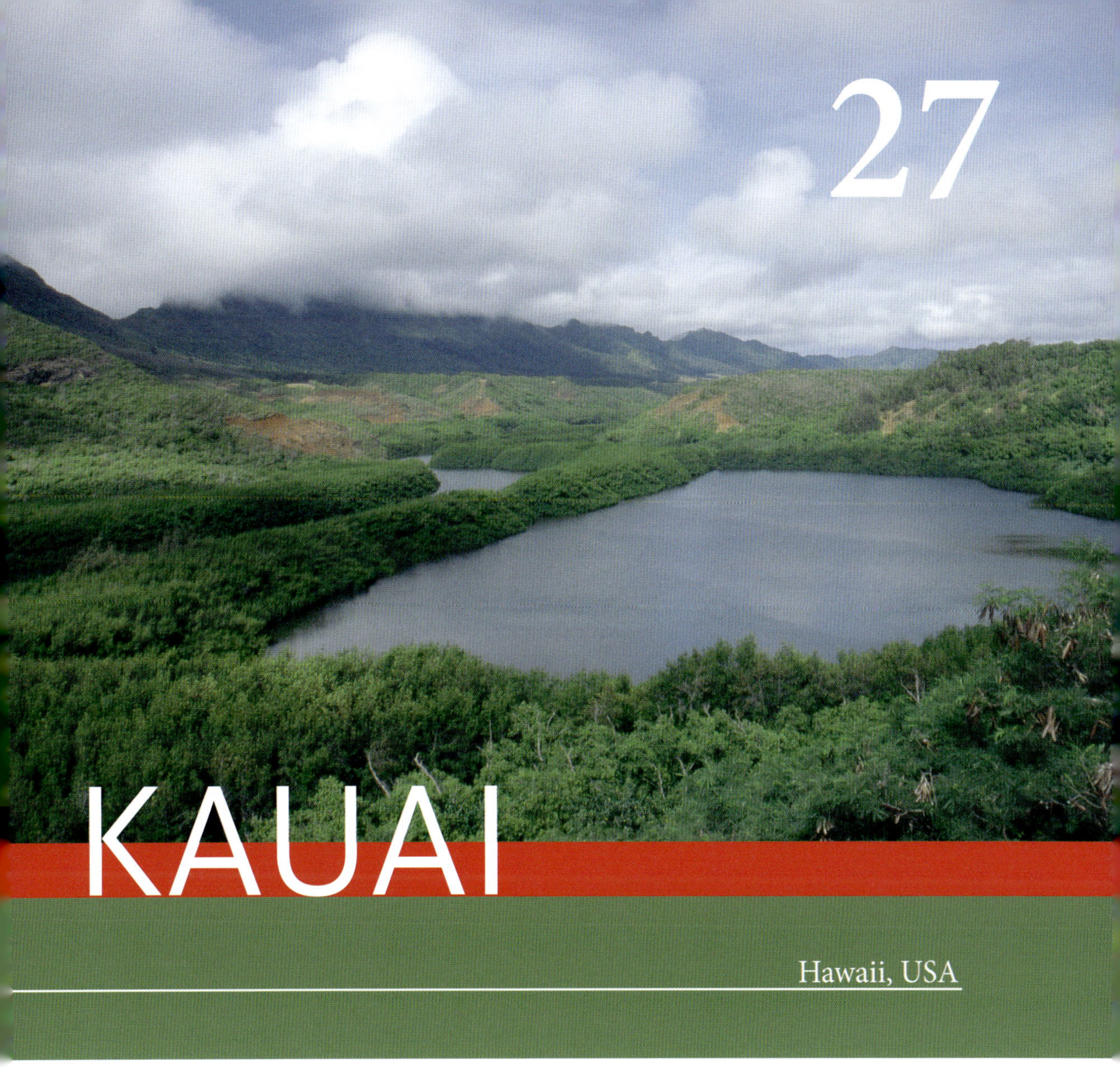

27

KAUAI

Hawaii, USA

HAWAIIS GARTENINSEL

Wailua Falls

Mitten im Nordpazifik gelegen gehört der Hawaii-Archipel zu den entlegensten Orten auf unserem Planeten. Erst sehr spät wurden diese für Südseeverhältnisse großen Inseln von Europäern »entdeckt«: Am 18. Jänner 1778 stolperte der berühmte britische Seefahrer James Cook eher zufällig über dieses Tropenparadies. Er war auf seiner dritten Pazifikreise mit dem Schiff »Resolution« in Richtung Norden unterwegs auf der Suche nach einer möglichen Nordwestpassage. Cook kam gerade aus Tahiti und staunte nicht schlecht, tausende Kilometer weiter nördlich wieder polynesische Menschen mit polynesischer Sprache anzutreffen. Er betrat in Waimea, im Süden Kauais, zum ersten Mal hawaiianischen Boden. Die Hawaiianer fielen vor ihm

Waimea Canyon – der »Grand Canyon des Pazifiks«

demutsvoll auf den Boden. Für sie war die Ankunft Cooks eine Wiederkehr ihres Gottes Lono. Cook benannte den neu entdeckten Archipel »Sandwich-Inseln« nach dem Earl of Sandwich, dem First Lord der Admiralität, jenem Mann, der uns allen als »Erfinder« des gleichnamigen Imbisses aus zwei Broten mit Füllung dazwischen bekannt ist. Die Sandwich-Inseln wurden später in »Hawaii« umbenannt, jedoch eine zweite von Cook entdeckte Inselgruppe, die subantarktischen »Süd-Sandwich-Inseln« im kalten Südatlantik, trägt bis heute seinen Namen.

Mit seinen 1433 qkm ist Kauai nur die viertgrößte Insel Hawaiis. Sie ist die geologisch älteste und nördlichste der hawaiianischen Hauptinseln, nahe am Wendekreis

Abendstimmung auf Kauai

des Krebses. Die immergrüne Insel gilt als »Garteninsel« Hawaiis. Einer der regenreichsten Punkte der Erde ist das Gebiet um den Mount Waialeale. Die Naturschönheiten Kauais zogen auch den Regisseur Steven Spielberg an, der hier den Film »Jurassic Park« drehte. Und an Naturschönheiten ist diese Insel wahrlich reich. Eine der dramatischsten und atemberaubendsten Küstenabschnitte auf unserem Globus ist wohl die Na Pali Küste im Nordwesten der Insel. Der Anblick dieser schwer zugänglichen Felsklippen – sie sind nur mit dem Boot oder Hubschrauber erreichbar – ist bei Sonnenuntergang ein Erlebnis der besonderen Art. Die ausgiebigen Niederschläge speisen auch zahlreiche Wasserfälle wie die majestätischen »Wailua Falls«, die gisch-

Spektakuläre Na Pali Küste

tend 24 m tief in einen natürlichen Pool stürzen, der in den Wailuafluss mündet. Für hawaiianische Häuptlinge galt der Sprung in diese Tiefe als Mutprobe, die nicht selten tödlich endete. Heute wagt niemand mehr den Todessprung, stattdessen ziehen schneeweiße Tropikvögel, die Aufwinde im Talkessel geschickt nützend, elegant ihre Kreise.

Auf der sonst so grünen Garteninsel Kauai gibt es aber auch eine Sensation in Rot und Braun: den Waimea Canyon. Mark Twain adelte ihn zum »Grand Canyon des Pazifik«, da er an Schönheit seinem großen Bruder in Arizona um nichts nachsteht.

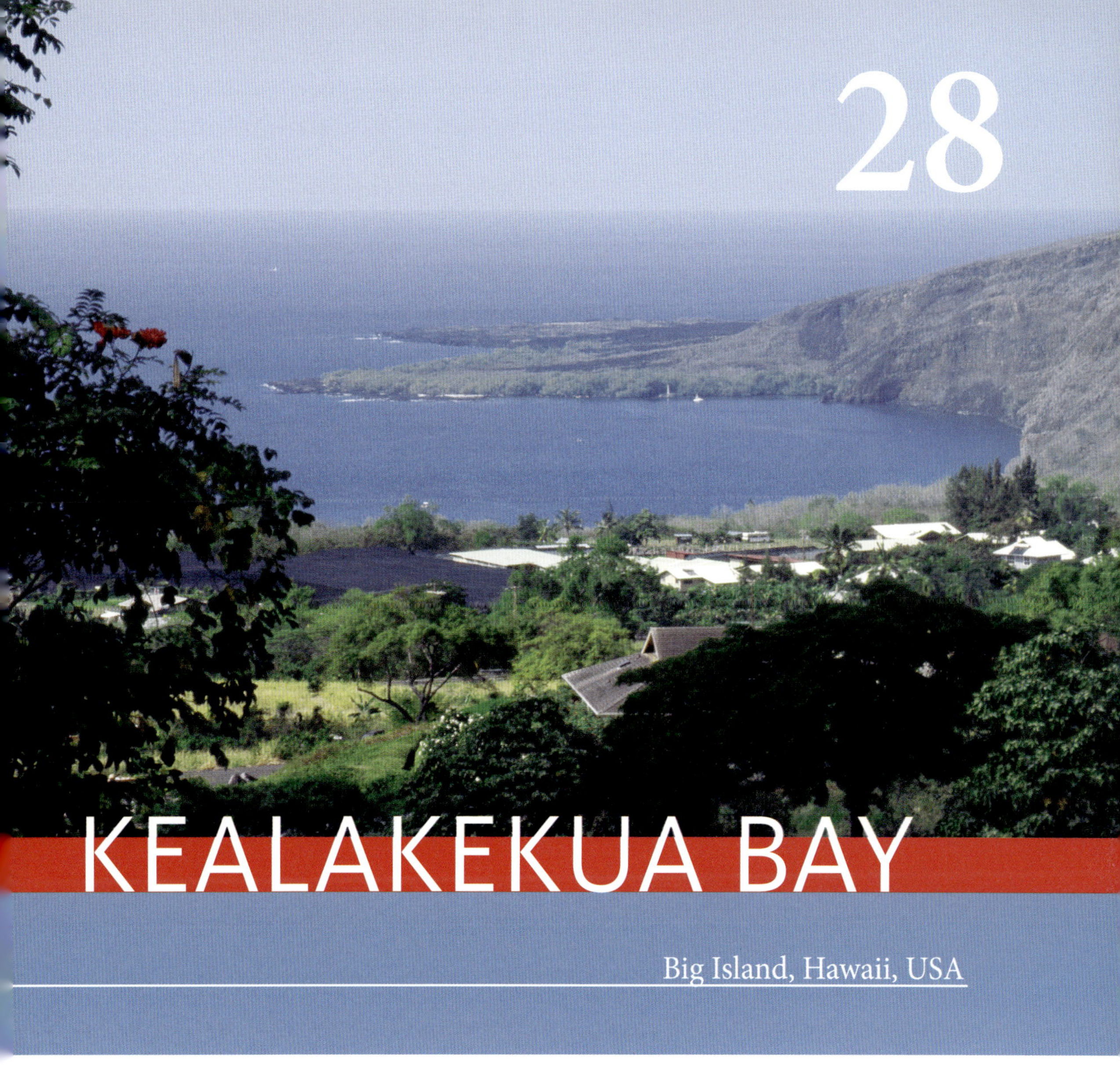

28

KEALAKEKUA BAY

Big Island, Hawaii, USA

WO KAPITÄN COOK SEIN ENDE FAND

Cook-Denkmal in der Kealakekua Bay

Cook verließ Kauai, um eine Erkundungsfahrt in die Weiten des Nordpazifiks zu machen mit dem Ziel, eine mögliche Nordwestpassage vom Pazifik in den Atlantik zu finden. Diese Nordwestpassage wäre für die europäische Schifffahrt des 18. Jahrhunderts, also lange vor dem Bau des Panamakanals, von großer Bedeutung gewesen. Er erkundet die Pazifikküste Nordamerikas bis Alaska, überquert den nördlichen Polarkreis, segelt durch die Beringstraße bis zu einer nördlichen Breite von zirka 70 Grad, wo ihn das Eis stoppt. Er will in das sonnige Hawaii zurückkehren und erreicht am 17. Jänner 1779 die Kealakekua- Bucht auf Hawaii, der größten Insel des gleichnamigen Archipels. Wie schon in Kauai wird Cook auch hier als Inkarna-

Eine Tafel am Ort des tragischen Geschehens von 1779 erinnert an den großen Seefahrer

tion des Gottes Lono verehrt und mit großer Gastfreundschaft behandelt. Doch die Gastfreundschaft der Hawaiianer ließ auch ihre Lebensmittelvorräte schrumpfen und so waren sie erleichtert, als Cook am 4. Februrar wieder absegelte. Ein kurzer Abschied, denn schon eine Woche später kehrt er mit gebrochenem Vormast auf der »Resolution« in die Kealakekua-Bucht zurück. Dieses Mal fällt der Empfang durch die Hawaiianer kühl aus, zu sehr hatten Cook und seine Leute deren Gastfreundschaft überstrapaziert. Nachdem ein Beiboot von den Polynesiern gestohlen worden war, wollte Cook die Herausgabe desselben durch Geiselnahme eines Häuptlings erzwingen. Eine bislang oft angewandte und erfolgreiche Methode.

Der »Cook-Monument-Trail« führt hinunter zur Kealakekua Bay

Doch diesmal sollte sie nicht aufgehen. Die aufgebrachte Menge lässt einen Steinhagel auf Cook und seine Leute niedergehen, es fallen Schüsse und die Tragödie nimmt ihren Lauf: In seinem 50. Lebensjahr stirbt der große Seefahrer unter den Knüppeln und Messerstichen jener Menschen, die ihn noch kurz zuvor als Gott verehrt hatten. Tage später erhält der neue Kommandant die erbärmlichen Reste menschlichen Fleisches von reumütigen Einheimischen zurück.
Heute erinnern ein von Palmen flankierter Obelisk und eine von Meerwasser umspülte Gedenktafel am Strand der Kealakekua-Bucht an die dramatischen Ereignisse vom 14. Februar 1779.

Allgegenwärtige Spuren des Vulkanismus

Hawaii wird zu Recht auch Big Island genannt. Mit über 10 000 qkm Fläche ist Hawaii nicht nur die mit Abstand größte Insel des gleichnamigen Archipels, sondern auch eine der größten Inseln des gesamten Pazifiks, immerhin zehnmal so groß wie die nicht weniger berühmte Insel Tahiti.

Es ist eine Insel voller abwechslungsreicher Landschaften, schwarzer Lavafelder, üppiger Regenwälder, speiender Vulkane und schneebedeckter Gipfel unter der Tropensonne.

29

NUKU HIVA

Marquesas, Französisch-Polynesien

WO DIE GRUNZENDEN SCHWEINE TANZEN

Bucht von Taiohae

Nuku Hiva ist mit 330 qkm die größte Insel der Marquesas und nach Tahiti die zweitgrößte Französisch-Polynesiens. Mit rund 2400 Einwohnern hat es auch die größte Einwohnerzahl der sechs bewohnten Marquesas-Inseln, wegen seiner Größe aber eine relativ geringe Bevölkerungsdichte. Es ist das Wirtschafts- und Verwaltungszentrum der Marquesas. Die Insel wurde von Vulkanen geformt. Die Küste ist stark zerklüftet mit zahllosen Klippen, Buchten, Kaps und Felsenkronen. Eine Gebirgskette, deren höchster Gipfel, Mt Tekao, 1224 m über dem Meeresspiegel liegt, durchzieht die gesamte Insel. Im Zentrum Nuku Hivas befindet sich das Hochplateau von Toovii. Auf einer Höhe von 800 m ist es hier merklich kühler als an der Küste und die fruchtbare Erde erlaubt intensive landwirtschaftliche Nutzung.

Bucht von Anaho

Taiohae ist der Hauptort Nuku Hivas. Er liegt an der gleichnamigen Bucht, einem riesigen von den Kräften des Vulkanismus geformten Amphitheater. Wegen ihrer Schönheit gilt die Bucht von Taiohae als einer der Höhepunkte für Südseefahrer. Feuerrote Flammenbäume säumen die Hauptstraße Taiohaes und spenden angenehmen Schatten auf dem Weg zum Bischofssitz der Marquesas »Notre Dame«. Beim Bau der Kathedrale wurden – als Zeichen der Zusammengehörigkeit – Steine von allen sechs bewohnten Inseln der Marquesas verwendet. Den Innenraum zieren kunstvolle Holzschnitzarbeiten einheimischer Künstler, die biblische Szenen mit marquesanischen Alltagserfahrungen verbinden.

Auch ein Originalschauplatz der Weltliteratur liegt auf Nuku Hiva: das Taipivai-Tal.

Bucht von Hatiheu

Der Schriftsteller Herman Melville, der später als Autor von »Moby Dick« Weltruhm erlangte, lebte hier wochenlang unter Kannibalen. Seine Erfahrungen verarbeitete er im Roman »Typee«. Die kriegerischen Bewohner dieses Tales leisteten auch dem amerikanischen Kapitän Porter, der 1813 die Insel mit schwerem Geschütz unter seine Gewalt bringen wollte, erfolgreich erbitterten Widerstand.

Zwei weitere Traumbuchten Nuku Hivas dürfen auf keinen Fall unerwähnt bleiben: die Bucht von Hatiheu, deren Charme schon Schatzinsel-Autor R. L. Stevenson erlegen ist und die einsame Bucht von Anaho, der einzige helle Sandstrand der Insel

Feuriger Flammenbaum

mit dem einzigen Korallenriff der Marquesas. Unweit von Hatiheu liegt die bedeutende archäologische Fundstätte Hikokua, einst Zeremonienplatz und Opferstätte für Menschenopfer. Heute dient dieser geschichtsträchtige Platz mit seinen Tikis als Kulisse für Tanzvorführungen. Berühmt geworden und beliebt bei Touristen ist der groteske »Tanz der Schweine«, bei dem die Tänzer sich in die Rolle dieses Tieres versetzen und zu Trommelrhythmen Grunzlaute ausstoßen. Das Schwein war ja neben dem Huhn und dem Hund das wichtigste Haustier der Polynesier und daher eine zentrale Figur ihrer Erlebniswelt.

30

UA HUKA

Marquesas, Französisch-Polynesien

INSEL DER WILDEN PFERDE

Exotische Pflanze im Botanischen Garten der Insel

Das halbmondförmige Ua Huka ist mit nur 83 qkm die kleinste der nördlichen Marquesas-Inseln. Auf dieser trockensten aller Inseln Französisch-Polynesiens leben kaum 600 Menschen, eine Zahl, die von seinen tierischen Bewohnern, verwilderte Pferde und Ziegen, übertroffen wird. Herumziehende Herden von Wildpferden prägen das Erscheinungsbild der Insel, die mit ihren ausgedörrten, hügeligen Graslandschaften, die im Süden in wüstenähnliche Ebenen übergehen, so ganz anders ist als ihre Nachbarn. Und doch ist es gerade diese Kargheit und Andersartigkeit, die Ua Huka zu einer der eigenwilligsten und ursprünglichsten Inseln der Südsee machen. Außerdem besitzt Ua Huka einige der schönsten Strände der Marquesas. Nur die »Nonos«, unsichtbare Stechmücken, können das Strandvergnügen hier trüben.

Ua Hukas Hauptort Vaipaee

Es war der französische Admiral Dupetit-Thouars, der 1842 die Marquesas für Frankreich annektierte und Pferde aus Chile als Geschenk mitbrachte. Ein Danaergeschenk, denn die Pferde verwilderten und vermehrten sich und richteten in verhängnisvollem Zusammenspiel mit den Ziegen großen Schaden an der empfindlichen Vegetation der Insel an.

Der erste Weiße auf der Insel war der Amerikaner Joseph Ingraham, der die Insel »Washington Island« – nach dem ersten Präsidenten seines jungen Landes – nannte. Sein Landsmann Porter wollte 1813 die Marquesas für die USA in Besitz nehmen, sein Annexionsversuch scheiterte aber.

Ausgerechnet das trockene Ua Huka hat ein »Arboretum«, eine Art botanischer

Abertausende Rußseeschwalben auf dem Inselchen Hemeni

Garten. Auf zirka 17 ha wachsen hier 300 Baumarten aus aller Welt und werden an die lokalen Klima- und Bodenverhältnisse angepasst. Darunter sind auch heimische Arten wie die majestätische Marquesas-Palme und die Hokatu-Papaya, die bis zu fünf Kilo schwere Früchte trägt. In naher Zukunft sollen die akklimatisationswilligsten Pflanzen dieses Arboretums zur Wiederbegrünung und Wiederaufforstung der Insel verwendet werden.

Der Südwestspitze Ua Hukas vorgelagert liegen die zwei Inselchen Hemeni und Teuaua. Hunderttausende von Rußseeschwalben, »kaveka« genannt, haben diese schwer zugänglichen Felsen als Brutstätte gewählt. Sie legen täglich Tausende

Karge Schönheit

von Eiern, die von den Einheimischen auch regelmäßig gesammelt werden. Diese Massenansammlung von Vögeln verbreitet natürlich einen fürchterlichen Gestank und einen ohrenbetäubenden Lärm, besonders wenn der Kapitän des Versorgungsschiffes »Aranui« sie mit dem Schiffshorn aufscheucht.

Apropos Aranui: In der engen Bucht von Ua Hukas Hauptort Vaipaee vollführt die Aranui ein spektakuläres, zentimetergenaues Wendemanöver auf engstem Raum – ein Nervenkitzel für die Passagiere. Das Museum von Vaipaee beherbergt kunstvoll gestaltete Alltagsgegenstände ihrer Vorfahren und ist der Stolz der traditionsbewussten Bewohner.

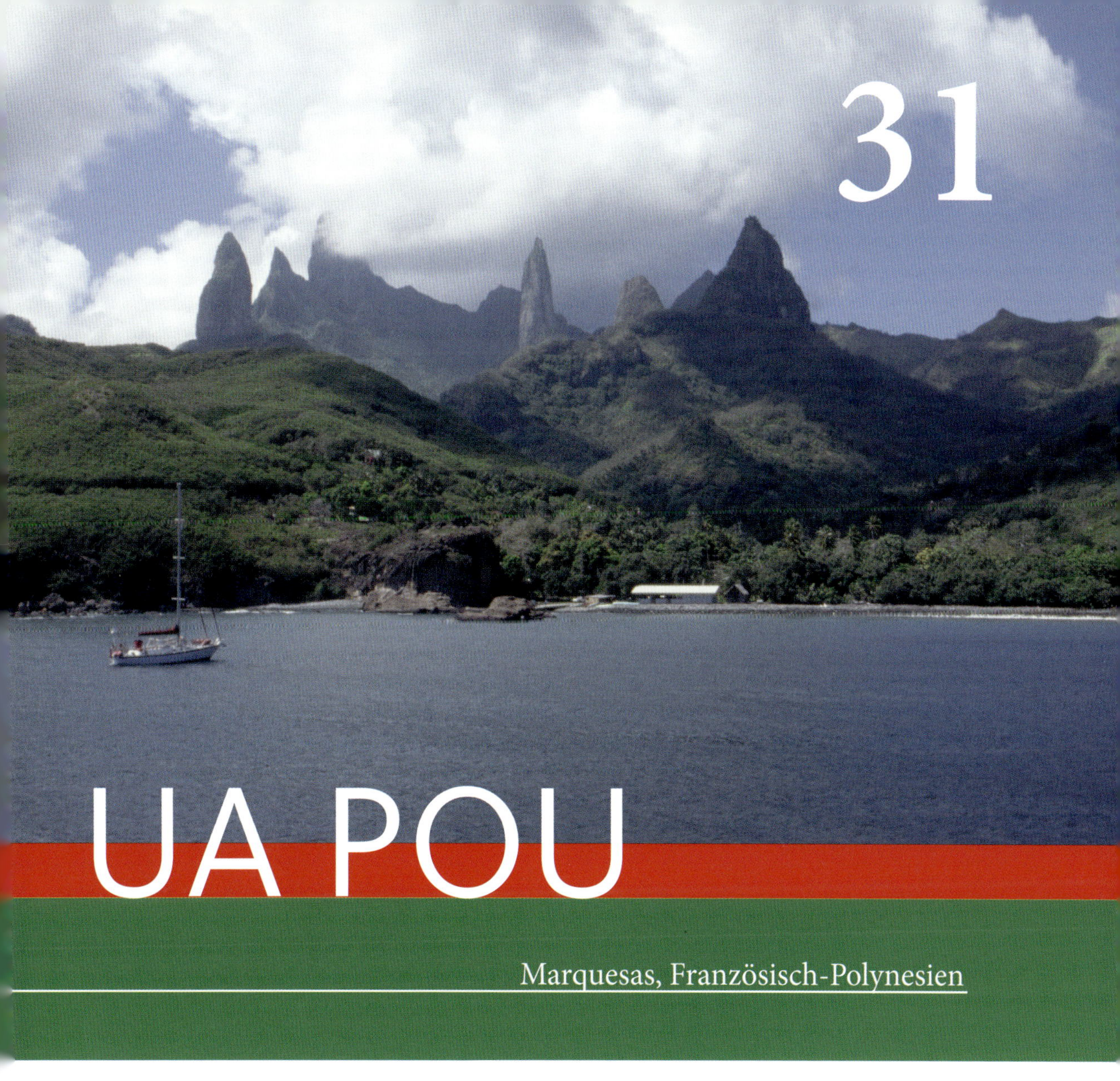

31

UA POU

Marquesas, Französisch-Polynesien

SÄULEN DES HIMMELS

Landschaft im Inselinneren

Schon beim ersten Anblick ziehen die obelisk-artigen Felszinnen, die die Bucht von Hakahau überragen, die Besucher von Ua Pou in ihren Bann. »Zinnen einer riesenhaften Kirche« hat sie Robert Louis Stevenson genannt, den belgischen Chansonnier Jacques Brel haben sie zum Chanson »La Cathedrale« inspiriert und in der polynesischen Mythologie galten sie als »Säulen des Himmels«. Für Weltumsegler sind die bis zu 1232 m aufragenden theatralisch umwölkten Felstürme, die wie drohende Zeigefinger den Himmel berühren, eine der dramatischsten und magischsten »Skylines«.

Ua Pou ist eine der sechs bewohnten Hauptinseln der Marquesas. Mit etwas über

Blumenbekränzte Tänzerin

100 qkm und rund 2000 Einwohnern ist sie die drittgrößte, aber dichtest besiedelte Marquesas-Insel. Die Inselgruppe liegt schon sehr äquatornah über 1000 km nordöstlich von Tahiti. Dementsprechend tropisch-heiß ist das Klima. Die Marquesas-Inseln sind Gipfel einer aus der Tiefsee ragenden vulkanischen Gebirgskette. Sie repräsentieren einen anderen Inseltypus als die restlichen Inseln Französisch-Polynesiens, denn der schützende Korallensaum fehlt völlig.

Schon 1595 entdeckte der Spanier Alvaro de Mendana – aus Peru kommend – die südliche Gruppe der Marquesas und sichtete zuerst die Insel Fatu Hiva. Mendana glaubte zunächst die von ihm schon 1568 entdeckten Salomonen wieder gefunden

Strand von Hakahau

zu haben, bemerkte aber bald seinen Irrtum. Er war sehr beeindruckt von den stattlichen, hellhäutigen und stark tätowierten Bewohnern. Zu Ehren des Vizekönigs von Peru, Marques de Mendoza, nannte er die Inselgruppe »Marquesas«. Doch trotz freundlicher Aufnahme der Europäer durch die Einheimischen kam es schon sehr bald zu Feindseligkeiten, die in einem Gemetzel mit 200 Toten endete. Wie so oft war vermeintlicher Diebstahl – den Polynesiern war der europäische Eigentumsbegriff fremd – Auslöser des Konflikts. Mendana segelte weiter und die Inseln gerieten wieder in Vergessenheit. Erst fast 200 Jahre später, im Jahre 1791, entdeckte der amerikanische Kapitän Joseph Ingraham die Nordgruppe der Marquesas, zu der auch Ua Pou gehört.

Ua Pous Felstürme – die Säulen des Himmels

Heute besinnen sich die Marquesaner wieder ihrer uralten Kultur und lassen ihre Traditionen wieder aufleben. Alle zwei Jahre findet auf Ua Pou das Festival »Matavaa« statt, ein Treffpunkt der Kunst- und Kulturszene. Musik, Tanz und bildende Kunst, insbesondere Holzschnitzkunst, sind wieder selbstbewusster Ausdruck marquesanischer Identität. Holzschnitzarbeiten zieren auch die älteste Kirche der Marquesas in Hakahau, dem Hauptort Ua Pous. In den einst besiedelten, heute aber wegen des dichten Regenwaldes schwer zugänglichen Tälern der Insel stehen noch immer steinerne Statuen, »Tikis« genannt, als stumme Zeugen der ruhmreichen Vergangenheit eines kunstbegabten Volkes.

32

HIVA OA

Marquesas, Französisch-Polynesien

PAUL GAUGUINS LETZTE RUHESTÄTTE

In Iipona stehen die größten Steinskulpturen Polynesiens nach den Moais der Osterinsel

Auf dem Kalvarienberg-Friedhof von Atuona, dem Hauptort Hiva Oas, hat ein zu Lebzeiten Ruheloser seine letzte Ruhe gefunden: Paul Gauguin, der leidende Künstler, der Wegbereiter der Moderne in der Malerei, der Aussteiger und Zivilisationsflüchtling. Seine Bilder prägen bis heute unsere Vorstellung vom verlorenen Paradies in der Südsee und lassen den Mythos Südsee weiterleben.
Paul Gauguin wurde 1848 in Frankreich geboren. Sein Leben verlief zunächst in geordneten bürgerlichen Bahnen. Er war Börsenmakler, verheiratet mit der Dänin Mette Gad, mit der er fünf Kinder hatte, und er war Kunstsammler und Hobbymaler. Wegen einer Börsenkrise verliert er seinen Beruf, der ihm ohnehin als »ewige Zwangsarbeit« erschien und seinen Halt. Er will nur noch seiner künstlerischen

»Le Truck« – billiges und originelles öffentliches Verkehrsmittel in Französisch-Polynesien

Neigung nachgehen, verlässt Frau und Kinder und begibt sich auf eine ruhelose Suche. Er ist beim Bau des Panamakanals dabei und strandet auf der Karibikinsel Martinique. 1891 kommt er zum ersten Mal nach Tahiti, das er nach zwei Jahren aus Geldnöten wieder verlässt. 1895 kehrt er wieder nach Tahiti zurück, bereits körperlich gezeichnet von Suff, Hunger und den Spätfolgen des Sumpffiebers, das er sich in Panama geholt hatte. 1901 verlässt er Tahiti und lebt seine letzten Jahre auf Hiva Oa. In Atuona baut er sich eine Hütte, das »Haus der Freude«. Doch viel Freude erlebt er nicht mehr. Er legt sich mit den Behörden und dem Bischof an und wird sogar zu drei Monaten Gefängnis verurteilt. Er stirbt am 8. Mai 1903. Trotz körperlicher und seelischer Qualen entstehen einige seiner schönsten Bilder in seiner letzten Lebens-

Letzte Ruhestätte des Chansonsängers Jacques Brel auf dem Friedhof von Atuona

phase. Das letzte Bild, das auf seiner Staffelei in seiner Hütte gefunden wird, zeigt paradoxerweise ein bretonisches Dorf im Schnee. Paul Gauguin hat Generationen von Malern nach ihm beeinflusst. Er ist einer der bekanntesten Künstler aller Zeiten und seine Bilder sind heute ein Vermögen wert. In der Südsee, die das Hauptmotiv seines Werkes war, ist übrigens kein einziges seiner Bilder verblieben. Nur wenige Meter von Gauguins Grab entfernt befindet sich das Grab des belgischen Chansonniers Jacques Brel. Er wollte – krebskrank – die letzten Jahre auf Hiva Oa verbringen und neben Gauguin begraben werden. Er starb 1978 im Alter von nur 48 Jahren.
Lange bevor Gauguin und Brel die Schönheit Hiva Oas für sich entdeckten, war

Nachbau von Gauguins letzter Hütte, dem »Haus der Freude«

schon ein anderer Träumer auf diesen Garten Eden gestoßen: Der spanische Seefahrer Alvaro de Mendana segelte bereits 1595 – auf der Suche nach den vermeintlichen Schatzinseln des Königs Salomo – an der Küste Hiva Oas entlang und nannte die Insel »Dominica«, also »Sonntagsinsel«.

Mitten im Dschungel der gebirgigen Insel liegt eine der wichtigsten Kultstätten des alten Polynesiens: Iipona. Dort sieht man die größten Tikis Polynesiens außerhalb der Osterinsel, überlebensgroß und von archaischer Ausdruckskraft. Zu verschiedenen Deutungen gibt eine eindrucksvolle, kauernde Frauenfigur Anlass: Es könnte eine Gebärende sein oder eine Frau bei der Feldarbeit.

33

FATU HIVA

Marquesas, Französisch-Polynesien

WO THOR HEYERDAHL ROBINSON SPIELTE

Kirche von Hanavave

Sie ist die südlichste aller Marquesas-Inseln und die erste, auf die der spanische Seefahrer Alvaro de Mendana schon 1595 auf seiner Suche nach den Salomonen per Zufall stieß. Mit 80 qkm Fläche und rund 600 Einwohnern ist es mit Ua Huka vergleichbar und seine spektakuläre Landschaft kann mit jener von Ua Huka locker Schritt halten. Die Bucht von Hanavave, auch »Jungfrauenbucht« genannt, gilt Kennern als die schönste im ganzen Pazifik. Und die Natur war hier zweifellos einfallsreich: Fast senkrecht ragen üppig bewachsene Felswände aus dem Meer. An ihren Schwindel erregend steilen Hängen klettern wilde Ziegen mit akrobatischer Leichtigkeit scheinbar schwerelos herum. Manche Felspfeiler erinnern in ihrer Gestalt

Kirche von Omoa, dem zweitgrößten Ort auf Fatu Hiva

an Tikis oder an die Moais der Osterinsel. Seemänner deuteten sie phallisch und gaben der Bucht den Namen »Baie des Verges«, »Bucht der Penisse«. Den ersten Missionaren war das zu derb, sie fügten ein »i« ein und machten »Baie des Vierges«, »Jungfrauenbucht« daraus. Zusammen mit den düsteren Gebirgskämmen im Hintergrund strahlt das eigenwillige Natur-Ensemble eine geheimnisvolle Melancholie und Magie aus, besonders im milden Abendlicht des Sonnenunterganges.
Im Jahre 1937 kam der junge Norweger Thor Heyerdahl mit seiner Frau Liv auf die Insel, um dort ein Jahr lang – fern aller Annehmlichkeiten unserer modernen Zivilisation – wie Adam und Eva im Paradies zu leben. Fatu Hiva, das bis heute keinen

Fast senkrecht ragt diese Felswand aus dem Meer

Flughafen hat, schien ihm nach einem strengen Ausleseverfahren die geeignetste Insel für eine selbst gewählte Robinsonade mit wissenschaftlichem Anstrich. Beim Fischfang fielen ihm die ständigen Winde und Meeresströmungen von Ost auf, ein Widerspruch zur gängigen Lehrmeinung, Polynesien sei von Asien aus – also von Westen nach Osten und damit gegen Wind und Wellen – besiedelt worden. Die Frage der Besiedelung der polynesischen Inseln ließ Thor Heyerdahl nicht mehr los und so startete er 1947 seine berühmt gewordene Expedition »Kon-Tiki«. Mit einem einfachen Balsaholz-Floß wollte er mit einigen Freunden von Peru nach Polynesien segeln und beweisen, dass eine Besiedelung von Amerika aus möglich war. Er nützte

Natur-Skulpturen in der Jungfrauenbucht

geschickt den Humboldt-Strom, der auf der Höhe von Peru in den offenen Pazifik und damit Richtung Polynesien abdriftete. Nach 101 Tagen zerschellte die Kon-Tiki am Riff des Tuamotu-Atolls Raroia. Damit hatte Heyerdahl sein Ziel erreicht und seine Lebensaufgabe gefunden: die Erforschung früher Wanderrouten der Menschen über die Ozeane. Thor Heyerdahl wurde zum Begründer der experimentellen Archäologie und weltberühmt, seine Theorien sind aber bis heute umstritten.

Die Bewohner Fatu Hivas leben noch immer in weltferner Einsamkeit. Es sind nur wenige Touristen, die mit dem Versorgungsschiff »Aranui« oder auf privaten Segelbooten den Weg zu dieser außergewöhnlichen Insel finden.

Impressum

2010 MANA-Verlag
Eichhorster Weg 80, Haus C, 13435 Berlin

Umschlaggestaltung: MANA-Verlag
Layout und Satz: Silvio Wagner, MANA-Verlag
Redaktion: MANA-Verlag
Druck: EU

Bibliografische Informationen der Deutschen Bibliothek:
http://dnb.ddb.de
ISBN: 0-783-934031-42-5
1. Auflage 2010

Bildnachweis

Fotografien: Gottfried Wagner
Fotos Galapagosinseln: Annemarie Tischberger